Maria-Eugen Grialou OCD
Meine Berufung ist die Liebe

Maria-Eugen Grialou OCD

Meine Berufung ist die Liebe

Die Botschaft der heiligen Theresia von Lisieux

Johannes-Verlag Leutesdorf

Vierte Auflage 2000

Deutsche Lizenzausgabe
Mit kirchlicher Druckerlaubnis
Copyright by Johannes-Verlag Leutesdorf, Germany
Übersetzung der französischen Originalausgabe TON AMOUR
A GRANDI AVEC MOI, EDITIONS DU CARMEL
VENASQUE 1987, von P. Maximilian Breig SJ und Sigrid Zerlik
Umschlagbild: Theresia von Lisieux in einer Aufnahme vom
Juli 1896; Foto: Archiv Institut Notre-Dame de Vie, Weisendorf

Gesamtherstellung: Druckerei des Johannesbundes e. V.
D-56599 Leutesdorf am Rhein

ISBN 3-7794-1218-7

Zu beziehen durch die *KSM*
Katholische Schriften-Mission, D-56599 Leutesdorf
Telefon: 0 26 31/9 76-1 92, Telefax: 0 26 31/9 76-2 50

Vorwort

In einem Schreiben vom 18. Februar 1989 hat mich Mgr. Pierre Pican, Bischof von Bayeux und Lisieux, beauftragt, mich erneut um die Ernennung von Theresia von Lisieux zur Kirchenlehrerin[1] zu bemühen. Das Verfahren war unter dem Pontifikat von Pius XI. im Jahre 1932 abgelehnt worden.

Dieses Vorwort möchte die Dankbarkeit unzähliger Theresienkenner gegenüber P. Maria-Eugen Grialou zum Ausdruck bringen. Er gehörte schon sehr früh zu den engsten Freunden Theresias. Als Generaldefinitor des Ordens der Unbeschuhten Karmeliten hat er in vollem Einverständnis mit dem Karmel von Lisieux den P. François de Sainte-Marie OCD mit einer in der Geschichte der christlichen Spiritualität bedeutsamen Aufgabe betraut: die Veröffentlichung der *Selbstbiographischen Schriften* der heiligen Theresia vom Kinde Jesus und vom Heiligen Antlitz. Damit unterstrich er, welche Bedeutung er der wissenschaftlichen Kritik zuordnete. Die Realitäten des Lebens[2] bekamen so wieder den ihnen eigenen Platz. Ein solches Vorgehen mit großer Genauigkeit entspricht Theresia vollkommen; sie hat versichert, sie wolle „sich nur von der Wahrheit nähren"[3]; sie war in nichts nur Theoretikerin, sondern ihre ganze innere Erfahrung erwuchs aus dem täglichen Leben. In die gleiche Richtung weist die Herausgabe von zwei umfangreichen Fotoalben über das Leben von Theresia und ihrer Umgebung, die uns mit einer Heiligen in ihrer leiblichen und geistlichen Wirklichkeit konfrontieren.

Nur einen Vorteil haben wir P. Maria-Eugen voraus, nämlich zwanzig Jahre nach ihm zu leben und die Gesamtheit der authentischen theresianischen Texte[4] benützen zu können. Zweifelsohne wäre dieser praktisch veranlagte und äußerst realistische Mystiker aus der Aveyron[5] über die neue diesbezügliche Entwicklung sehr glücklich gewesen.

Die vorliegenden Texte entstanden zwischen 1947 und 1965. So sollte man sich also über einzelne Stellen, die Vermutungen äußern und deshalb ungenau sind, nicht wundern; entsprechende Hinweise finden sich in den Anmerkungen. Gewisse Einzelheiten, deren Herkunft unbekannt ist, dürften dem großen Freund des Karmels von Lisieux von den Schwestern Martin, Mutter Agnès de Jésus (Pauline), Schwester Marie du Sacré-Cœur (Marie) und Schwester Geneviève de la Sainte-Face (Céline), direkt mitgeteilt worden sein. Er stand mit ihnen seit 1927 bis zu ihrem Tode (1951, 1940, 1959) in sehr enger Verbindung.

Die tiefe Freundschaft, die zwischen Theresia und dem jungen Seminarist Heinrich Grialou gegen 1908 entstand, währte ein Leben lang bis zu seinem Tod am Ostermontag 1967. Die in diesem Buch veröffentlichten Texte sind nur ein kleiner Teil von Schriften, Vorträgen, Predigten und Exerzitien, die er „*seiner Freundin aus der Kindheit*", wie er Theresia nannte, gewidmet hat. Jeder wird auf diesen Seiten eine Quelle zum Nachdenken und eine Quelle für seine Betrachtungen der theresianischen Geschichte finden können. Sie ist für den Menschen unserer Tage von einem höchst aktiven, kontemplativen Menschen bearbeitet worden, der ebenso brennend danach verlangte, Gott zu schauen wie auch geistliche Zentren in Kanada, Mexiko, auf den Philippinen, in Spanien, in Deutschland (Institut Notre-Dame de Vie, 91085 Weisendorf) und weit darüber hinaus zu gründen.

Was mich selbst am meisten erstaunt, ist die prophetische Schau des jungen Karmeliten, der seit 1923, als bei vielen Theologen noch Vorbehalte zu finden waren, nicht zögerte zu schreiben: „*Die Sendung der kleinen Seligen ist, wie mir scheint, ein Sich-Ergießen der göttlichen Liebe in die Seelen in der Weise, die Gott für unsere Zeit wünscht.*" Mit einem sehr sicheren geistlichen Instinkt hatte er den außergewöhnlichen Platz von Schwester Theresia in der Geschichte gesehen. Er zögerte keinen Augenblick, diejenige zu den höchsten Höhen zu erheben, die sich darüber freute, vor Gott „mit leeren Händen" zu erscheinen, kühn ausgeliefert an die Erbarmende Liebe. „*Sie ist eine der größten geistlichen Lehrerinnen aller Zeiten. Sicher muß man sie — zumindest ist das mein Gedanke — an die Seite eines heiligen Benedikt stellen, einer Teresa von Avila, eines Johannes vom Kreuz, eines Franz von Sales.*"[6]

Auch möchte ich die Art und Weise hervorheben, mit der P. Maria-Eugen gezeigt hat, daß Theresia gerade wegen ihrer großen Armut im Gebet und in ihrem geistlichen Leben ein echt kontemplativer Mensch war; die Dreifaltige Liebe, die das ständige Verlangen hat, sich zu verschenken, hat zuinnerst von Theresia Besitz ergriffen. Besonders in den großen Prüfungen gegen den Glauben hat Theresia als vollkommene Schülerin von Johannes vom Kreuz ihr „kühnes Vertrauen" weit über die dichteste Nacht hinaus vorangetrieben. *„Diese Reinheit des Glaubens",* erläutert P. Maria-Eugen, *„spricht die hohe Qualität der Kontemplation von Theresia aus."*[7] Es ist P. Maria-Eugen gelungen, die junge Karmelitin sehr genau in dem Milieu, in dem sie gelebt hat, zu beschreiben und sie treffend in die lebendige Bewegung eines Propheten Elija, einer Teresa von Avila und des Verfassers der Bücher *Geistlicher Gesang* und *Lebendige Liebesflamme* einzuordnen.

Ohne Zweifel befinden wir uns am Beginn eines neuen Tages. Je mehr der Seligsprechungsprozeß[8] von P. Maria-Eugen fortschreiten wird, desto mehr wird man auch seine seelische Verwandtschaft mit der „größten Heiligen der Neuzeit" (Pius X.) entdecken. Vor kurzem erst sagte Papst Johannes Paul II.: „Eine Seligsprechung orientiert uns auf die Zukunft hin."[9]

Diese Zukunft kennen wir nicht, aber es ist erlaubt, im Gebet zu wünschen, daß die Seligsprechung von P. Maria-Eugen, wenn die Kirche sich in diesem

Sinne ausspricht, der Ernennung der heiligen Theresia als Kirchenlehrerin vorausgeht oder ihr nachfolgt. Es besteht kein Zweifel, daß der Gründer des Säkularinstituts Notre-Dame de Vie[10] dafür auf seine Weise arbeitet[11], er, der zeit seines Lebens so sehr gearbeitet hat, um *„den wichtigsten und zentralen Punkt der theresianischen Botschaft"* bekannt zu machen: *„Die Liebe kennen und offenbaren."*[12] *„Und das nicht nur in der Welt der Klöster, sondern auch in den Vororten, auf den Straßen, überall dort, wo es Menschen gibt, die Gott zur Vertrautheit mit sich beruft."*[13]

Es scheint uns heute sicher, daß man P. Maria-Eugen vom Kinde Jesus unter die bedeutendsten Jünger der heiligen Theresia im 20. Jahrhundert und auch für künftige Zeiten einreihen muß.

Guy Gaucher OCD
Weihbischof von Bayeux und Lisieux

Einleitung

Von allen Seiten her scheint sich in unseren Tagen ein Aufruf abzuzeichnen, Theresia als authentische Lehrerin der Kirche anzuerkennen, wenn nicht gar als „Kirchenlehrerin" — als die kleinste, würde sie ohne Zweifel sagen. Ohne etwas vom Urteil der Kirche vorwegnehmen zu wollen, hat P. Maria-Eugen vom Kinde Jesus immer an die außergewöhnliche Sendung von Theresia von Lisieux in ihrer Eigenschaft als geistliche Lehrerin geglaubt. So ordnete er ihre Lehre den bedeutendsten geistlichen Lehren aller Jahrhunderte zu; er stellte sie auf eine Ebene mit den Lehren von Benedikt, Thomas von Aquin, Franziskus, Teresa von Avila und Johannes vom Kreuz.[1] Die wenigen Texte, die hier gesammelt sind, können helfen, sich dieser Tatsache bewußt zu werden und sich davon zu überzeugen.

Heinrich Grialou (1894—1967) hat Theresia seit jungen Jahren gekannt; während seiner Gymnasialzeit konnte er ein kleines, unscheinbares Büchlein mit Texten von ihr lesen. Er hat nicht aufgehört, darauf zurückzugreifen und aus der *Entblätterten Rose* zu schöpfen, die er immer bei sich trug, selbst als er in den Krieg zog (1914—1919): *„Kein Buch hat je solch tiefen Eindruck auf mich gemacht wie dieses … Ich finde keine Worte, um das auszudrücken. Das ist erstaunlich!"*[2]

Während der Feldzüge in den Argonnen, bei Verdun und am Damenweg[3] hat er Theresias Schutz erfahren. Doch nicht das ist das Beeindruckendste für ihn; das, was ihn besonders anzieht, äußerte er anläßlich des Seligsprechungsprozesses in einem Brief an einen Freund:

„Alle äußeren Wunder, Heilungen usw. berühren mich verhältnismäßig wenig; es sind vor allem die Wunder, die sie in den Seelen bewirkt, die mich beeindrucken, weil vor allem sie es sind, die Jesus verherrlichen …

Persönlich habe ich den Eindruck, daß dies einer der schönsten Tage meines Lebens ist … Das ist die Verwirklichung sehr alter und sehr tiefer Wünsche. Vielleicht habe ich für die Verherrlichung der kleinen Schwester mehr gebetet als in jeder anderen Meinung … Die Sendung der kleinen Seligen ist ein Beteiligtsein an dem Sich-Ergießen der göttlichen Liebe in die Seelen, und zwar, wie es scheint, in einer Weise, die Gott für unsere Zeit wünscht.

Diese Seligsprechung ist das Zeichen der göttlichen Echtheit ihrer Sendung … Man empfindet Dankbarkeit für alle die kleinen Gunsterweise, die man bereits empfangen hat, für die kleinen Wunder, deren Zeuge ich war. Vor allem aber gibt es unermeßliche, unbestimmte, aber beinahe unendliche Hoffnungen für die Zukunft. Diese Hoffnungen nähren meine Seele; ich hänge fest an ihnen, fast wie an jenen Hoffnungen, welche die Kirche durch den Glauben in unseren Herzen aufrecht hält. Die kleine Schwester Theresia muß noch, wie mir scheint, Fluten göttlicher Liebe über die Welt ausbreiten."[4]

Als er diese Zeilen schrieb, hatte Heinrich Grialou seine karmelitanische Berufung bereits gefunden und seine erste Profeß (11. März 1923) unter dem Namen Bruder Maria-Eugen vom Kinde Jesus abgelegt.[5] Vom Herbst des gleichen Jahres an beginnt er, die Lehre von Theresia zu verbreiten, indem er je ein Triduum über sie in Amiens und Rodez hält.

,,*Die Chronik über jene Zeit berichtet uns von der Liebe, die mitschwang; man spürte sie, man sah sie im Herzen des jungen Predigers, eines Unbeschuhten Karmeliten, eines Kindes der Aveyron. Er sprach von der Seligen, wie ein glühender Verehrer von ihr sprechen konnte oder, besser noch, wie ein Bruder. Seine ersten Worte waren: ,Gott ist Liebe. Liebe und Theresia, diese beiden lassen sich nicht voneinander trennen.'* "[6]

Das war für ihn damals der Anfang einer intensiven Vortrags- und Lehrtätigkeit, die ein Leben lang anhielt. Sein Anliegen war, ,,*den Geist und die Spiritualität des Karmel weiterzugeben*". Er war getragen von einem neuen Wehen, hervorgerufen durch die Kleine[7] Heilige von Lisieux und durch Johannes vom Kreuz (1926 zum Kirchenlehrer ernannt). Theresia hatte Johannes den ,,Vater ihrer Seele" genannt. Theresias Lehre ist einerseits durch und durch karmelitanisch, andererseits den größten Bedürfnissen unserer Zeit vollkommen angepaßt.

Zu Beginn des Jahres 1929 schrieb P. Maria-Eugen:

,,*Der Geist des Propheten Elija lebt in der ganzen karmelitanischen Überlieferung weiter. In unserem Jahrhundert erwachte er neu in der Seele von Theresia vom Kinde*

Jesus. Sie wurde zum Karmel geführt durch ihren Eifer für die Bekehrung der Sünder und die Heiligung der Priester; dadurch findet sie ihren Platz im Schoß der Kirche. Sie ruft aus: ,Im Herzen der Kirche, meiner Mutter, werde ich die Liebe sein.' Darauf legt sie sich fest, um sich dadurch verbrauchen zu lassen."

Indem er sich auf das Wort von Papst Pius XI. aus Anlaß ihrer Seligsprechung stützt, fährt er fort:

„Es ist das ganze christliche Volk, das durch den Heiligen Vater eingeladen ist, sich auf den Kleinen Weg zu begeben. Sie ist Lehrerin des geistlichen Lebens, um die verhängnisvollen Folgen des Geistesstolzes in unserer alten christlichen Zivilisation wiedergutzumachen, und als Patron der Mission marschiert sie an der Spitze der Eroberer über fremde Strände …"[8]

Was der Karmel in der Absolutheit seiner Berufung leben soll, ist demnach ein Reichtum. Ihn gilt es umfassend an alle die weiterzugeben, die sich danach sehnen, die Liebe Gottes kennenzulernen und sich ihr auszuliefern. Das fordert schon das Wesen der göttlichen Liebe:

„Dieses Gut, diese Liebe Gottes möchte sich ausbreiten. In allen Lebensbereichen sucht sie Seelen, um sie in ihre Vertrautheit zu rufen und um ihnen die Geheimnisse des göttlichen Herzens zu enthüllen. Diesen Gedanken haben wir bei Theresia vom Kinde Jesus gefunden. Sie äußert ihn am Ende eines Briefes an Schwester Maria vom Heiligen Herzen. Sie will einer Unzahl kleiner Seelen die göttliche Liebe erschließen, und das nicht nur in der Welt der

Klöster, sondern in den Vororten, auf den Straßen und überall, wo es Menschen gibt, die Gott zum innigen Vertrauen mit sich ruft."[9]

Das Denken von P. Maria-Eugen steht in vollem Einklang mit dem Theresias. Für beide war die Erfahrung der göttlichen Liebe der Ursprung ihrer Überzeugung. Sie war richtungweisend für das ganze Leben von P. Maria-Eugen und für seine Sendung und erweckte überall, wohin ihn der Geist Gottes führte, Menschen, die sich der Gnade Gottes ausgeliefert haben und Zeugen dieser Liebe wurden. Das also ist die Grundlage für die dichte und tiefe Synthese seines Vortrags zum Abschluß der theresianischen Gedenktage im Jahre 1947, der in diesem Buch wiedergegeben ist. Nachdem er die Verwurzelung der Kleinen Heiligen in der Überlieferung des Karmel aufgezeigt hat, zeichnet er mit Weitblick und Genauigkeit die Grundlagen und das Zentrum ihrer Gotteserfahrung und ihrer Lehre, um mit Schlußfolgerungen für die geistliche Theologie abzuschließen. Das ist Theresia: *„Lehrerin des mystischen Lebens."* Die letzten Worte des Vortrags zeigen uns die vertraute Kenntnis, die er von Theresia hat, diesem „Wort Gottes" in unserer Welt, und die Perspektive, in die er sie stellt. Er ruft zu einer umfassenderen und tieferen Dankbarkeit für ihre geistliche Sendung auf, die bereits am Werk ist. Es lohnt sich, hier etwas ausführlicher zu zitieren:

„Unserer raffinierten und übersättigten Zivilisation, die den Sinn für das Unendliche verloren hat und die darun-

ter leidet, hat Gott ein Kind geschickt. Dieses Kind wiederholt mit dem Charme und der leuchtenden Reinheit seiner Einfachheit die ewige Botschaft von seiner Liebe: Gott hat uns aus Liebe geschaffen, seine Liebe bleibt lebendig und wird wegen unserer Verlassenheit noch viel glühender, er wartet darauf, daß wir ihn wie Kinder lieben und daß wir uns wie ganz kleine Kinder lieben lassen.

An jeden Wendepunkt der Geschichte stellt der Heilige Geist einen Führer; jeder neu entstehenden Zivilisation gibt er einen Lehrer, der damit beauftragt ist, seine Botschaft zu verbreiten. Es ist immer gefährlich zu prophezeien. Aber heißt es denn prophezeien, wenn wir unser aller Ahnung zum Ausdruck bringen und unsere Überzeugung, die sich auf das bereits vollbrachte Werk stützt, auf das weite Wirkungsfeld — das ganze Universum —, auf die Macht und die Reinheit des hervorgebrachten Lichtes? Heißt es prophezeien, wenn wir behaupten, daß Theresia zu den großen geistlichen Lehrern der Kirche gehören wird? Ja, sie ist bereits eine von ihnen und gehört zu den mächtigsten Seelenführern aller Zeiten.“[10]

In seiner Überzeugung stützt sich P. Maria-Eugen auf Gott und die empfangenen Gaben. In ihr wird Hoffnung lebendig, die den Plänen Gottes entspricht. Diese Hoffnung wird er bis an sein Lebensende anderen Menschen weitergeben.

In seinem Werk *Ich will Gott schauen* hat Theresia ebenfalls das letzte Wort. Es bezieht sich auf den gesamten theologischen und praktischen Inhalt. Die solide gegliederten Darlegungen gehen von den Beschreibungen der *Inneren Burg* (Teresa von Avila) aus und werden an Hand der Lehre von Johannes vom Kreuz erläutert. Durch das ganze Buch zieht sich gleichsam filigranhaft die zurückhaltende Gegenwart Theresias. Das ist weder Zufall noch eine nebensächliche Tatsache; P. Maria-Eugen schreibt dazu:

,,*Theresia vom Kinde Jesus steht uns näher. Es scheint uns fast, als hätten wir sie gekannt; so sehr reagieren und sprechen wir wie sie. Sie ist eine junge Meisterin, die sich zu uns setzt, um uns ihre Erfahrungen zu erzählen. Sie spricht in so einfachen Begriffen, daß sie uns geradezu armselig vorkommen könnten; aber sie gewinnt uns durch die so hohe und so einfache Strahlkraft ihrer Worte, durch ihr Leben und ihre Liebe, die überschäumen, durch ihren Unterricht, der nicht nur kontemplative Menschen wie sie berührt, sondern alle kleinen Seelen; sie gewinnt uns durch ihre einfache, lebendige, anschauliche Erzählweise und endlich durch das Lächeln, mit dem sie uns aufnimmt und das uns von der Zartheit ihrer übernatürlichen Liebe spricht, die sie für uns hegt, noch bevor wir auf sie zugingen.*"[11]

Das ist fast eine Beschreibung dessen, wovon Mutter Agnès de Jésus eines Tages sagte: ,,Ich habe nie eine Seele getroffen, die so sehr meiner kleinen Schwester gleich wie P. Maria-Eugen."[12] Schwester Geneviève versichert ihrerseits, als man sie den Abschnitt über das Heilige Antlitz aus *Ich will Gott schauen* lesen ließ: ,,Es wäre unmöglich, die Dinge

16

besser zu begreifen und besser auszusprechen. Alles ist wahr."[13]

Nach den schweren „römischen" Jahren der Nachkriegszeit im Generalat des Ordens und als Apostolischer Visitator der französischen Karmelitinnenklöster arbeitet P. Maria-Eugen ab 1955 daran, die Verbreitung der theresianischen Lehre neu zu beleben. Glücklich ist er über die Herausgabe der *Selbstbiographischen Schriften* der Kleinen Heiligen im Jahre 1956, wofür er sich eingesetzt hat. In seinen Vorträgen vor recht unterschiedlicher Zuhörerschaft entwickelt er vor allem die Lehre von der geistlichen Armut als Haltung der Empfänglichkeit für die göttliche Liebe. Theresia hat das Geheimnis der geistlichen Armut unter dem Einfluß des Heiligen Geistes gefunden. Darin zeigt sich die Reinheit ihres auf Gott ausgerichteten Glaubens und ihre Hoffnung auf eine Weise, die immer mehr an Kraft gewinnt. Dasselbe gilt für die Zartheit und die Kraft ihrer Liebesantwort in den kleinsten Dingen des gewöhnlichen Lebens.

Mit diesem Verständnis überdenkt P. Maria-Eugen damals (1959) erneut die Weihnachtsgnade, die Theresia im Jahre 1886 zuteil geworden ist. Sie brachte ihre „vollständige Bekehrung"; ihre Bedeutung ist auch nach hundert Jahren noch ungemindert. Einerseits erörtert P. Maria-Eugen diese Erfahrung Theresias an Hand neuester Ergebnisse aus der Psychologie, andererseits mit Hilfe der geistlichen Lehren der beiden großen Meister Teresa von Avila und

Johannes vom Kreuz. Er hebt auch deutlich die Kraft der Heilung durch das Wirken Gottes in allen Bereichen und auf allen Ebenen des Personseins hervor, um es zur wahren „Gesundung der Seele" gelangen zu lassen; darin nämlich besteht Heiligkeit. Gleichzeitig ist die geistliche Armut hervorgehoben, welche das göttliche Wirken begleitet. In diesem Sinne kann die Auseinandersetzung mit dem Leben und der Lehre von Theresia zahlreiche mystische Erfahrungen beleuchten, die sonst nicht zu erklären sind. Auch können dadurch noch viele, die zögern — Arme und Kleine —, ermuntert werden, unter der Führung des Heiligen Geistes die Heiligkeit anzustreben, ohne außergewöhnliche Zeichen zu suchen. Der Heilige Geist ruft dazu heute mehr denn je in der Kirche und für die Kirche auf.

P. Maria-Eugen war überzeugt von der Strahlkraft der geistlichen Erfahrung von Theresia. In seinen Exerzitien zwischen 1962 und 1966 sprach er besonders gern in lebendiger Weise über Gestalt und Lehre von dieser *„Freundin der Kindheit",* wie er ganz schlicht sagte, *„die nahe bei uns gelebt hat und uns nach Maßgabe unseres Heranwachsens Vertraulichkeiten schenkte und uns die Geheimnisse ihrer Seele zeigte".*[14] In den beiden ersten Kapiteln dieses Buches spürt man die lebendige Beziehung, die zwischen ihm und Theresia bestand. Auf wenigen Seiten entwirft er ein Bild von der menschlichen und geistlichen Gestalt Theresias, so wie sie ihm lieb war. An der Wurzel dessen, was P. Maria-Eugen sein ganzes Leben hindurch gelehrt hat, findet sich seine eigene geistliche Erfahrung, die sich grundsätzlich als die gleiche erweist wie jene der heiligen Theresia. Die Entdeckung der Liebe, die sich umsonst schenkt und der sie sich ohne Vorbehalt ausliefert, ist die besondere Eigenart der Kleinen Heiligen, das besondere Siegel ihrer Gnade und ihrer Sendung in der Kirche. Sie schreibt: „Deine Liebe umsorgte mich seit meiner Kindheit, sie wuchs mit mir heran, und nun ist sie ein Abgrund, dessen Tiefe ich nicht auszuloten vermag."[15] Es handelt sich um die wesenhafte Liebe, wie P. Maria-Eugen erklärt, die wesenhafte Liebe, die keine andere ist als der Heilige Geist selbst.

Sich ohne Vorbehalt dem Wirken des Geistes der Liebe auszuliefern, ist auch so sehr der beherrschende Zug der Gnade von P. Maria-Eugen, daß Marie Pila, die Mitbegründerin des Instituts Notre-Dame de Vie, von ihm sagt: „Mit dem Heiligen Geist, so scheint es, berührt man das Geheimnis von P. Maria-Eugen."[16] Er fühlt sich der Kleinen Theresia um so näher, als er vom Noviziat an ganz starke Mitteilungen des Geistes der Liebe erfährt, so daß er nicht zögert, von einem „gelebten Pfingsten" zu sprechen. Seine Kenntnis des Heiligen Geistes ist eine wirkliche Kenntnis aus Wesensgemeinschaft, die für seine geistliche Persönlichkeit so charakteristisch ist; sie ist die Frucht einer langen Vertrautheit, die ihn am Ende seines Lebens sagen läßt: „Ich nenne ihn ‚meinen Freund', und ich glaube, daß ich dafür Gründe habe."[17]

Es handelt sich sehr wohl um den Geist der Liebe, der wesenhaften Liebe, wie man in einer persönlichen Aufzeichnung von 1952 lesen kann:

„Lebendig ist der Geist der Liebe, der in mir lebt und mich seit langem ergriffen hat.

Lebendige, überwältigende, beherrschende Gegenwart!

Er ist es, der die Liebe ausbreitet und der die Kirche ins Leben ruft.

Meine Heiligkeit wird darin bestehen, an ihn und seine Gegenwart zu glauben und mich ganz von ihm ergreifen zu lassen.“

Im Glauben und mit der Haltung eines Kindes, das nur versteht, sich hinzugeben, liefert sich P. Maria-Eugen diesem Geist aus, den er in sich entdeckt und dessen aufeinanderfolgende Mitteilungen ihn dahin führen, wie Theresia zu wünschen, sich immer mehr in die göttliche Liebe zu versenken:

„Beten Sie um die göttliche Liebe! Das ist das einzige Gebet, das man verrichten muß. Für die Seelen, die ich liebe, kann ich nur um Liebe bitten; sie ist die einzige Wirklichkeit, die etwas wert ist, das einzig Ewige, das für Sie zu erbitten ist.

Theresia vom Kinde Jesus ist in dieser Hinsicht genial gewesen. ‚Schenk mir Liebe‘, sagt sie zu Gott. Sie bittet ihren geistlichen Bruder, er möge beten, daß sie den lieben Gott liebt und bewirkt, daß er geliebt wird.“[18]

Weil P. Maria-Eugen sich so geliebt weiß, kann er

seinerseits lehren, wie man lieben soll. „Erzieher zur Liebe ist er gewesen, mit welcher Kraft, mit welcher Zartheit, mit welcher Klarsicht!" bezeugt Marie Pila.[19] Er will, daß das Institut Notre-Dame de Vie eine Schule der Liebe sei, dieser Liebe, die allein zählt, denn sie findet ihre Quelle im Geist, verähnlicht mit Christus, der die Seinen geliebt hat bis zum Ende. Zwei Monate vor seinem Tod, als er schon krank ist, gesteht P. Maria-Eugen:

„Wenn ich tief schlafe, denke ich nicht mehr. Wenn ich aufwache, ist nur noch der Heilige Geist da. Er nimmt alles in Beschlag. Ich bin mit dem Herrn. Ich bin wie umgewandelt in ihn. Ich atme die Liebe wie er. Er atmet die Liebe; der Vater atmet auch die Liebe. Ich atme die Liebe, um sie Ihnen zu geben."[20]

Was die Kirche endgültig von der Heiligkeit Theresias überzeugt hat, war, wie wir wissen, ihre vollkommene Gleichförmigkeit mit Jesus im Leiden und im Tod, so wie sie es sich gewünscht hatte.[21] Der Kleine Weg der Kindschaft findet hier seine Erfüllung und das Unterpfand seiner Fruchtbarkeit. So kann man wohl behaupten, daß dies auch das Siegel für P. Maria-Eugen, seiner Gnade entsprechend, war. Auch er ging den Weg der geistlichen Kindschaft.

Der „Durchgang" durch das Leiden, der ihn am Ende der Karwoche 1967 zum ewigen Leben führen wird, gibt in besonderer Weise Zeugnis von der seelischen Verwandtschaft und der Gnade, die ihn an

Theresia bindet. Diese Passion macht aus ihm vollends ihren wirklichen „geistlichen Bruder", der fähig ist, in machtvoller Weise die Kraft ihrer Lehre kundzutun und sogar aufs neue einen Strom übernatürlicher Fruchtbarkeit zu wecken in der Flut des Erbarmens, das Gott immer in verschwenderischer Fülle auf die Welt ausbreiten will.[22]

Die Sendung von P. Maria-Eugen ist mit seinem Tod nicht zu Ende. Wie jene Theresias schreibt sie sich in die Bewegung der göttlichen Liebe ein: *„Ich habe die Barmherzigkeit begriffen. Die heilige Theresia hat erfahren, wie sanft die Barmherzigkeit ist, ich dagegen fühle ihre Stärke."*[23]

In den letzten Äußerungen seines Lebens legt er seine geistliche Sendung dar: er läßt sich auf den betenden Christus ein, der seinen Geist, den Geist der Liebe, sendet. So sagt er unter anderem:

„Ich werde ziemlich viel Lärm beim Vater, bei Christus und selbst beim Heiligen Geist machen. Er wird mir wohl nicht abschlagen, zu Ihnen zu kommen, damit ich ihn Ihnen mit all den Wohltaten, die ich von ihm erhalten habe, schicken kann."[24]

François Girard

GEDANKEN
ÜBER
THERESIA VOM KINDE JESUS

Hinführung

Am Ende seines Lebens zeichnet P. Maria-Eugen ein lebendiges und ungekünsteltes Porträt von Theresia vom Kinde Jesus. Diese Texte werden im folgenden wiedergegeben. Anekdoten und vertrauliche Mitteilungen stehen neben den einfachen und kraftvollen Formulierungen, die den Geist Theresias kennzeichnen.

Der erste Text zeigt Theresia als eine jener Heiligen, welche die Kirche zu Beginn des 20. Jahrhunderts in einen neuen Abschnitt ihrer Geschichte führt. Dieser Platz und diese Sendung sind ihr durch ihre tiefe Liebeserfahrung geschenkt. Sie hat Gott als Liebe erkannt, ebenso seine Freude, die er darin findet, sich zu schenken und sein Erbarmen in reichem Maß über die Kleinen auszugießen. Das Leben der heiligen Theresia enthüllt sich so als eine wachsende Entdeckung des göttlichen Erbarmens, das sich ihr inmitten einer für große geistliche Gestalten typischen Angst aufdrängt wie etwa einem Johannes vom Kreuz, Heilige also, die von Gott im Laufe der Jahrhunderte beauftragt waren, der Kirche und der Welt eine Botschaft der Erneuerung zu bringen.

Der zweite Text hebt einige wichtigere Linien dieser Botschaft hervor, indem er ihre besondere geistliche Prägung erläutert. Theresia, die vor allem kontemplativ ist, ist durch ihren einfachen Blick des Glaubens und der Liebe in die Tiefen Gottes eingedrungen. Das ist das Wesentliche. Ihr ganzes Sein und ihre ,,kleine" Lehre stammen von dort und vereinen sich in ihrer Antwort der Liebe;

deren Kraft verlebendigt sich in drei grundlegenden Haltungen:

— *ein einfacher Kindesblick, der sich dadurch immer mehr reinigt, daß er bis hinein in größte Trockenheit auf Gott ausgerichtet bleibt;*

— *eine aktive Treue, die alles vollkommen erfüllt, was das Alltagsleben und damit die „göttliche Pflicht" auferlegt;*

— *schließlich eine immer zartere und erfindungsreichere Nächstenliebe bis hinein in die kleinsten Einzelheiten.*

Deswegen krönt Gott sein Werk in seinem Kind durch die Glaubensprüfung und durch den Liebestod wie Christus am Kreuz.

Diese kurzen Zusammenfassungen öffnen schon die Perspektiven der geistlichen Spannweite Theresias und tragen so dazu bei, das Geheimnis ihrer tatsächlich mitreißenden Macht anklingen zu lassen.

Die beiden Texte sind Auszüge aus den Exerzitien für Priester, die im September 1965 im Institut Notre-Dame de Vie gegeben wurden. Der Stil des mündlichen Vortrags wurde beibehalten. Typisch für P. Maria-Eugen waren spontane Darlegungen, die sein reiches Wissen und seine tiefen Kenntnisse zeigen.

Titel und Anmerkungen sind vom Herausgeber. Manche Worte und Anekdoten Theresias dürften auf eine direkte mündliche Quelle zurückzuführen sein, nämlich auf die langen und häufigen Gespräche zwischen P. Maria-Eugen und den leiblichen Schwestern Theresias im Karmel von Lisieux.

I. ERFAHRUNG DER LIEBE

In Theresia vom Kinde Jesus begegnet uns eine große Lehrerin des geistlichen Lebens, und zwar eine der größten aller Zeiten. Ich möchte sie gerne neben den heiligen Benedikt und die heilige Teresa von Avila stellen.

Sie übt bereits einen Einfluß auf unsere Zeit aus, und ich glaube, daß sie dazu bestimmt ist, ihn in Zukunft noch zu verstärken. Durch ihr Beispiel und durch ihre *Selbstbiographischen Schriften* hat sie zu beachtlichen Fortschritten der geistlichen Wissenschaft beigetragen und hat uns dadurch Gott auf neue Weise zugänglich gemacht. Um das zu verstehen, muß man Theresia zunächst in ihrer Zeit sehen.

Die Spiritualität gegen Ende des letzten Jahrhunderts

Diese Zeit (sie ist 1873 geboren) ist von einer Spiritualität geprägt, die derart von der unsrigen verschieden ist, daß wir Mühe haben, sie zu verstehen; einer Spiritualität, die ich „19. Jahrhundert" nenne.

Eine Strömung, in der man Gott vor allem als Gerechtigkeit betrachtete, entwickelte sich im 17. Jahrhundert bis hinein ins 18. Jahrhundert in einer Weise, in der Gott als Liebe recht wenig erkannt wurde. Damals wurden Mystiker als verdächtig angesehen; nur wenige werden genannt.

Mit der Französischen Revolution von 1789 ist ein ganzes politisches und wirtschaftliches System zusammengebrochen. Dem folgte die napoleonische Zeit und die Wiederherstellung der Monarchie. Die Menschen waren durch die Ereignisse von Leid geprägt. Im religiösen Bereich war der Abfall so zahlreich, daß in der Folgezeit die feierlichen Ordensgelübde abgeschafft wurden. Man wagte nicht mehr, irgend jemand eine endgültige Bindung aufzuerlegen. Eine asketische Spiritualität herrschte vor, weil man die Menschen schützen wollte. Ebenso fühlte man vom theologischen Standpunkt aus das Bedürfnis, sich zu verteidigen. Vor allem die Apologetik entwickelt sich. Die beschriebenen Tatsachen weisen auf grundsätzlich negative Einstellungen hin.

Die Revolution hat sozusagen einen Sinn für die Sünde zurückgelassen, vielleicht auch ein Gefühl der Schuldhaftigkeit, die sich in der ganzen Spiritualität bemerkbar machten. So herrschte in der Herz-Jesu-Verehrung der Gesichtspunkt der Wiedergutmachung deutlich vor, obwohl sie ursprünglich entstanden ist, um die Liebe in Christus zu verehren.

Im religiösen Leben wird die asketische Note stark betont. So findet man in den Karmelklöstern eine Veröffentlichung unter dem Titel *Die Wohlgerüche des Karmel,* worin dieser Orden als Sühneorden definiert wird; diesen Ausdruck findet man bei Teresa von Avila nicht. Man sieht hier noch den Einfluß dieser Form von Frömmigkeit. Ich selbst habe diese Epoche noch gekannt. Ich kannte diese Menschen, die Asketen sind, aber keine Mystiker. Ich kann Ihnen sagen, daß im Karmel damals weder *Der Geistliche Gesang* noch die *Lebendige Liebesflamme* von Johannes vom Kreuz gelesen wurden. Man hatte Angst, „Illuminist" zu sein ... Diesbezüglich herrschte eine Schule, die sehr lange dauern sollte. Johannes vom Kreuz lesen, so dachte man, bringt die Gefahr des Illuminismus mit sich, und das selbst im Karmel! Als man um 1860 seine Werke heraus-gab, beschränkte man sich auf den *Aufstieg zum Berge Karmel.* Von den übrigen Werken kam keines in Frage.

Im Karmel von Lisieux bestanden mehrere Richtun-gen nebeneinander. Dieser Karmel war gegründet durch den von Poitiers, woher Mutter Geneviève kam. Sie gehörte sozusagen zur „neuen Schule"; das ist der Grund, weshalb sie Mutter Agnès und Theresia so lieb sein wird.[1] Es gab aber auch die anderen Mütter, vor allem Mutter Marie de Gon-zague. Sicher waren das Persönlichkeiten von sehr hohem Wert, aber auf der Linie der Strenge. Als man zum Beispiel in einem Karmel dieser Ausrich-tung einmal im Speisesaal die *Selbstbiographischen Schriften* von Schwester Theresia vom Kinde Jesus las, schlug die Priorin nach einigen Seiten auf den Tisch und sagte: „Schließen Sie dieses Buch! Solche Künsteleien liest man in diesem Karmel nicht."

Man findet also im Karmel von Lisieux beide Richtungen: jene asketische der Mutter Marie de Gonzague, in der man die außerordentlichen Abtötungen steigert (die Brennesseln wachsen frei im Karmel von Lisieux, damit man sich mit ihnen geißeln kann!); und auf der anderen Seite Mutter Geneviève und Mutter Agnès, die im Kloster der Heimsuchung von Le Mans in „salesianischer Prägung" erzogen war, eine Richtung mit einem hohen Liebesanspruch. Sicher ist, daß Theresia bei ihrem Eintritt in den Karmel eine Botschaft von anderer Wellenlänge mitbringt. Gott hat sie für eine Lehre der Liebe vorbereitet.

Schmerzliche Kindheit

Theresia wurde in einer Umgebung geboren, in der sie als neuntes und letztes Kind von ihren Eltern und ihren Schwestern sehr geliebt wird. Alles neigt sich über ihre Wiege, sobald sie müde oder krank ist. Theresia, die kleine Letzte, ist offensichtlich das ein und alles der Familie. Und da verliert sie im Alter von vier Jahren ihre Mutter, die schon seit mehreren Jahren krank war. Heute weiß man, daß Frau Martin bereits bei Theresias Geburt an einem sehr schmerzhaften Knochenkrebs litt. Die Tatsache beweist ihren Heroismus. Der Verlust der Mutter bewirkt bei der vierjährigen Theresia eine innere Veränderung. Ihr Charakter wird ganz anders.[2] Sie, die sich immer lebhaft und heiter zeigte und die Freude des Hauses war, ist nun auf sich selbst zurückgeworfen; sie weint sehr häufig; und dann „weint sie, weil sie geweint hat"[3].

Im Schoß der Familie blüht sie noch auf; aber sobald sie sich außerhalb befindet, wird sie von Traurigkeit erfaßt. Man schickt sie ins Pensionat der Benediktinerinnen-Abtei, wo sie sich nur eingewöhnt, weil ihre um vier Jahre ältere Schwester Céline auch da ist, von der sie in all den kleinen Vorfällen, wie sie in einem Pensionat vorkommen, verteidigt wird. Aber als Céline nach Abschluß ihrer Studien die Abtei verläßt, kehrt auch Theresia nicht mehr dorthin zurück. Allein kann sie dort nicht bleiben, und das zeigt sehr deutlich einen ihr typischen Wesenszug.

Ein wenig später muß sie eine zweite Prüfung durchmachen, einen zweiten Schlag in Form einer gemütsmäßigen Enttäuschung. Nach dem Tode ihrer Mutter hatte sie ihre Schwester Pauline als „Mütterchen" erwählt, während Céline die Älteste erwählt hatte, nämlich Marie. Theresia hatte nun eines Tages Pauline ihre Wünsche anvertraut, in den Karmel einzutreten. Diese hatte ihr geantwortet, daß auch sie selbst danach verlange, daß sie aber auf sie warten würde. Pauline hatte das Versprechen, das sie dem Kind gegeben hatte, vergessen. Und siehe da, eines schönen Tages erfährt Theresia zufällig, daß Pauline bald in den Karmel eintreten wird.[4] Diese erneute Frustration stürzt sie in völlige Verwirrung. Sie verliert ihre zweite Mutter, nachdem sie schon so sehr durch den Tod ihrer Mama getroffen war. Daraufhin stellt sich „die merkwürdige Krankheit"[5] ein, von der sie berichtet und die nichts anderes ist als eine Neurose, die von ihrer gemütsmäßigen Enttäuschung herrührt. Das Übel tritt vor allem am Tag der Einkleidung von Schwester Agnès in Erscheinung. Theresia ist bei der Feier zugegen, und Pauline nimmt sie unter ihren Schleier ... Schließlich muß man Theresia wegführen und zu Bett bringen.

Den Ärzten jener Zeit war die Art der Krankheit unbekannt. Nachdem Dr. Gayral an Hand aller Dokumente eine Analyse derselben durchgeführt hat, veröffentlichte er einen Artikel in der Zeitschrift *Carmel*.[6] Er stellt eindeutig eine Neurose fest. Theresia realisiert in der ihr auferlegten Prüfung, daß nur ihre Sinne und ihre seelische Verfassung in Mitleidenschaft gezogen sind. Sie ist sich ihrer Störung bewußt. Sie schlägt den Kopf gegen die Wand und sieht Gespenster, die Grimassen schneiden. Das Gefühl, nicht mehr Herr ihrer selbst zu sein, löst in ihr großen Kummer aus.

Man pflegt sie, ohne die Krankheit zu kennen, an der sie leidet. Als es ihr schließlich sehr schlecht geht, erbittet ihr erschrockener Vater eine Meßnovene in Notre-Dame des Victoires; und wir wissen, was sich ereignet: Die Statue der Mutter Gottes auf der Kaminkonsole belebt sich und lächelt.[7] Die Kleine Theresia ist damit noch nicht geheilt, aber ihre Krankheit ist einstweilen wie verdeckt. Nach dem Urteil von Dr. Gayral erfolgte die endgültige Heilung erst im Augenblick der Weihnachtsgnade.

Die Läuterung der Empfindlichkeit und die Läuterung des Herzens von Theresia, die sie in ihrer Kindheit im Verlaufe der Entwicklung ihres Gemütslebens durchmacht, hinterläßt in ihr eine Wunde; man kann sicher von einer „Reinigung des Empfindens"[8] sprechen. Dadurch sind ihre gemütsmäßigen Fähigkeiten auf Gott ausgerichtet und gleichsam schon befreit. Auch Gewissensskrupel tragen zu ihrer Läuterung bei.

Nach ihrer Genesung nimmt Theresia ihre Studien wieder auf, doch nicht mehr in der Abtei, sondern bei einer Lehrerin, die ihr zu Hause Unterricht erteilt. Ich habe ihre Aufgaben in den Händen halten und mit denen eines jungen Mädchens vergleichen können, das in einer anderen Stadt, aber zur selben Zeit im Internat lebte. Wenn man die Arbeiten untersucht, stellt man fest, daß Theresia zu dieser Zeit eine mittelmäßige Entwicklung durchlief. Es erscheint eindeutig, daß die Neurose ihre Fähigkeiten gleichsam lähmte. Die Mathematik bereitete ihr große Schwierigkeiten. Aufsätze zu schreiben gelang ihr einigermaßen, aber mit einem gewissen kindlichen Einschlag wie bei einem Mädchen, das, vom psychologischen Standpunkt aus gesehen, ein wenig zurückgeblieben war. Es ist interessant, das festzustellen.

Die Weihnachtsgnade

In diese Zeit hinein fällt die Weihnachtsgnade von 1886. Theresia ist dreizehn Jahre alt, beinahe vierzehn, denn sie ist am 2. Januar geboren. Was ereignet sich an diesem Tag? Wir wissen es:[9] Nachdem sie von der Mitternachtsmesse heimgekehrt ist, hört sie ihren Vater vor ihren Weihnachtsschuhen, die sie in den Kamin gestellt hatte, sagen: „Ich hoffe sehr, daß dies das letzte Jahr so sein wird." Theresia ist groß genug, so daß man mit ihr nicht mehr in kleinlicher Weise Weihnachten spielt. Wie Céline, die sich im ersten Stock der Buissonnets befindet, das hört, sagt sie sich: „Mein Gott, was für eine Flut von Tränen wird das hervorrufen!" Sie ist gewohnt, Theresia weinen zu sehen und dann darüber, daß sie geweint hat. Man kann hier sicher von einer verletzten seelischen Verfassung reden.

Céline rät ihr: „Theresia, geh nicht hinunter!" Und siehe da! Sie ist seelisch völlig umgewandelt. Diese Weihnacht hat ihre Seele vollständig verändert und sie plötzlich zur Reife gebracht. Es ist ein „Sturzbach von Licht", sagt sie. Von diesem Augenblick an hört sie auf zu weinen. Ihre seelische Verfassung ist geheilt. Sie wird wieder Herr ihrer selbst.

Mit großem Eifer kommt sie in der Folgezeit ihren Lernverpflichtungen nach und lernt, wie sie selbst sagt, in einigen Monaten mehr als in allen vorangegangenen Jahren. Ihre Aufnahmefähigkeit und ihr Verstand sind befreit; sie waren nicht angegriffen gewesen, aber ihre etwas gestörte physische Verfassung hatte sie gleichsam gefangengehalten und gefesselt.

Zur gleichen Zeit gewinnt Theresia Erkenntnisse über ihre Berufung und beschließt, am kommenden Weihnachtsfest im Karmel zu sein. Sie will mit fünfzehn Jahren eintreten und wird alle notwendigen Schritte dafür unternehmen. Sie wird den Superior, den Pfarrer von Saint-Jacques, aufsuchen, der davon nichts hören will. Er wird ihr übrigens niemals günstig gesonnen sein, und am Tage ihres Eintritts wird er vor der Klausurtüre zur versammelten Schwesterngemeinschaft sagen: „Meine ehrwürdigen Mütter, hier ist das Kind, das Sie gewollt haben. Ich wünsche, daß die Kommunität das nicht zu bereuen hat."[10] Das ist die Ansprache, die sie zu ihrem Eintritt in den Karmel hören muß!

Obwohl ihr der Pfarrer den Eintritt verweigerte, sagt er doch zu ihr: „Sie können den Bischof aufsuchen." Theresia hat den Mut, zu ihm zu gehen, und für diesen Besuch steckt sie ihre Haare hoch. Das ist eine weibliche Geste, aber doch auch, wie ich glaube, ein Zeichen von Reife. Sie spricht mit dem Bischof, und als Monseigneur Hugonin zögert, erklärt sie: „Ich werde zum Papst gehen und mit ihm sprechen", was sie tatsächlich ausführt. Man stellt also eine vollständige Veränderung von Willen und Intelligenz fest, ebenso auf seelischer Ebene.

Einige Zeit später empfängt sie eine andere Gnade:

sie ist betroffen, auf einem Bildchen, in ihrem Gebetbuch die Blutstropfen zu sehen, die von einer Hand des gekreuzigten Herrn zur Erde fallen. Da faßt sie den Entschluß, auf Kalvaria zu bleiben, um die Blutstropfen aufzufangen und sie auf die Sünder auszugießen. Sie will in den Karmel eintreten, um für die Priester und die Sünder zu beten.

Man sieht, daß sie in jeder Hinsicht reif ist. Seelisch hat sie ihr Gleichgewicht wiedergefunden, psychologisch gesehen handelt sie geradezu fraulich. Vom geistlichen Standpunkt aus betrachtet, hat sie ihre Berufung in einer endgültigen Tiefe entdeckt.

Was hat die Weihnachtsgnade bewirkt? Das wissen wir nicht! Theresia hat keinen spürbaren Schock erfahren und kann den Augenblick nicht genau festlegen, in dem sich die Umwandlung vollzog. Sie stellt sie einfach fest, als sie die Treppe hinuntergeht, nachdem sie die Bemerkung ihres Vaters gehört hatte. Eine innere Gnade, ein Angerührtsein in ihrem Innersten hat sie völlig umgewandelt. Dr. Gayral spricht von einer deutlichen und plötzlichen Heilung. Dazu hat sicher ihre Willensanstrengung mit beigetragen, aber ein Willensakt allein könnte geistliche Wirkungen solcher Art nicht hervorbringen.[11] Diese Gnade gehört sehr wohl in die Kategorie, die von Teresa von Avila beschrieben wurde: tiefe Gnaden, aber nach außen hin nicht spürbar. Hier finden wir nichts von dem, was Paulus, dem Schuppen von den Augen fielen, widerfuhr; oder auch Teresa von Avila, die sich emporgehoben fühlte. Theresia aber fühlt nichts, selbst wenn sie ganz umgewandelt ist: so geartet sind die Gnaden, die Theresia empfängt. In einem Augenblick entschließt sie sich also, in den Karmel einzutreten. Sie braucht noch eine Bestätigung hinsichtlich der ihr zuteil gewordenen Gnaden. So erbittet sie eine Bekräftigung. Sie hat die Liebe des Herrn entdeckt und dabei das Erbarmen Gottes verspürt. Sie liest in der Zeitung *La Croix*, daß ein Mörder den Beistand des Priesters zurückweist. Da erbittet sie gewissermaßen als Beweis für ihre Erleuchtung, daß dieser Mörder ein Zeichen der Reue gibt. Und tatsächlich: am Tag nach der Hinrichtung liest Theresia in *La Croix,* daß dieser Mensch, Pranzini, bevor er seinen Kopf unter das Schafott legt, sich auf das Kruzifix stürzt, das ihm der Priester hinhält; er hatte es zunächst zurückgewiesen; schließlich hat er es dreimal geküßt. Das ist die äußere Bestätigung ihres inneren Lichtes, die sie erfährt, um sie gleichsam endgültig in ihrer Überzeugung zu bestärken: sie hat Gott als Liebe entdeckt. Nun hat sie dafür den Beweis: Gott ist Liebe. Gott hat seine Liebe zu ihr dadurch gezeigt, daß er sie völlig umwandelte; und zu ihrer persönlichen Erfahrung kommt die Bekehrung Pranzinis hinzu, die durch ihr Gebet erlangt wurde.

Im Karmel

Theresia ist also im Karmel! Als sie mit dem Papst sprach, hat er sie an ihre Vorgesetzten verwiesen. Dann, als sie deren Erlaubnis erhalten hatte, ließ man sie noch warten. Am 9. April 1888 tritt sie schließlich in der zweiten Osterwoche über die Schwelle der Klausur.

Was wird sie dort finden? Man kann sagen: *„Nichts.“* Offensichtlich findet sie das Karmelleben so, wie sie es sich vorstellt und wo sie *„alles entzückt“*[12]; sie entdeckt eine Harmonie zwischen ihrem Sein und dem Leben im Kloster. Sie ist glücklich über die Armut ... Es ist sicher, daß sie keinerlei Unsicherheit kennt, aber sie erfährt auch keine Tröstung.

Was Unterweisungen angeht: diese erhält sie durch die Priorin, Mutter Marie de Gonzague, einen Menschen von hoher Intelligenz, aber aus der Generation 1880; heute würden wir sagen: vom Stil 1900. Van der Meersch[13] hat viel Böses über sie geschrieben, aber zu unrecht. Sicher hatte sie ihre Fehler, aber sie war eine intelligente Frau. Wenn sie Theresia anschaut und sie mit ihren Schwestern vergleicht (Theresia hat bereits zwei Schwestern im Karmel, Marie und Pauline; die Priorin kennt auch Céline, die sechs Jahre später eintreten wird), dann meint sie, daß es Theresia ist, die eines Tages Priorin sein wird.[14] Um sie auf diese Rolle vorzubereiten, formt sie Theresia nach ihrem Stil.

Theresia hatte es zu dieser Zeit auch nötig, geformt zu werden. In den Buissonnets war sie ein wenig das verwöhnte Kind des Hauses gewesen und nahm praktisch an keiner Arbeit teil. Ihre vier Schwestern ließen sie nichts anrühren. Manchmal passierte es ihr, daß sie am Abend einen Blumentopf vom Garten hereinholte; wenn man ihr dann aber nicht dankte, weinte sie.[15] Ihre Schwestern beluden sich mit allem und übten ihre junge Mütterlichkeit auf Kosten ihrer kleinen Schwester.

Bei ihrem Eintritt in den Karmel verstand sich Theresia also nicht darauf, irgendeine Arbeit zu verrichten, und sie war nicht gewohnt, sich einer solchen zu widmen. Das veranlaßte Mutter Marie de Gonzague zu dem Wort: „Man sieht gut, daß unsere Kreuzgänge von einem fünfzehnjährigen Mädchen gekehrt werden!" Theresia hatte Angst vor Spinnen, das heißt, daß sie die Ecken nicht allzusehr reinigte! Sie konnte sich zwar gut überwinden; aber schließlich gab sie dazu Anlaß, daß sie oft gescholten wurde, und so hat sie von seiten der Priorin eine sehr harte Ausbildung erfahren.[16]

Ähnlich erging es Theresia mit ihrer Novizenmeisterin. Diese gute Frau war keine besondere Persönlichkeit und bedeutete keine wirkliche Hilfe für sie. Wenn Theresia ein wenig Zeit mit ihr zusammen verbrachte, sagte sie nichts; die Meisterin sagte auch nichts, und so verlief das Gespräch ... Sie ging auch, um die Mutter Priorin zu besuchen: „Ich verbrachte eine Stunde bei ihr; sie schalt mich die ganze Zeit."[17] Das waren die Ratschläge, die sie erhielt ... Sie besprach sich nicht mehr mit Mutter Agnès. Man hatte sie zu ihr geschickt, um ihr im Speisesaal zu helfen; sie war sofort außergewöhnlich zuverlässig; sie sprach sie dort nie von sich aus an.

So findet sich Theresia isoliert. Ihr geistlicher Leiter, P. Pichon, der in einer gewissen Weise auch der Leiter der Familie Martin war, war nach Kanada geschickt worden. Theresia schrieb ihm regelmäßig alle Monate, aber P. Pichon antwortete fast nie. So ist sie also allein.

Johannes vom Kreuz als geistlicher Führer

Was tut Theresia in dieser Verlassenheit? Im Gebet erfährt sie Trockenheit: „Jesus sagt mir nichts ...", schreibt sie.[18] Um diese Zeit entdeckt sie den heiligen Johannes vom Kreuz.

Wie ist er zu ihr gelangt? Ich weiß es nicht ganz genau, wahrscheinlich im Noviziat. Wie dem auch sei, sie findet die Übersetzung der Karmelitinnen von Paris und stürzt sich darauf. Im Alter von 16 oder 17 Jahren lebt Theresia aus dem Geist des Johannes vom Kreuz, sie lebt vom *Aufstieg zum Berge Karmel* und vom *Geistlichen Gesang*.

Was gibt ihr Johannes vom Kreuz? Die Bekräftigung der Intuitionen, die sie in ihrer Seele fühlt, ihrer Intuitionen über die unendliche Liebe Gottes. Er gibt ihr Ratschläge über die Entfaltung der Nächstenliebe, der Gottesliebe. In ihrem Stundenbuch trägt sie ein Bildchen, auf das sie einen Text von ihm geschrieben hat. Ihm zufolge ist eine Neigung gut, wenn sie uns auf Gott ausrichtet.[19]

Theresia lebt von dieser Unterweisung, lernt ganze Seiten des Heiligen auswendig, liest die *Lebendige*

Liebesflamme. Das befriedigt ihre Seele zuinnerst. Später wird sie schreiben: *„Wie viele Erleuchtungen habe ich aus den Schriften Unseres Vaters, des heiligen Johannes vom Kreuz, geschöpft!"*[20] Sie findet auch ein dogmatisches Buch, das ihr hilft, ihr katechetisches Wissen weiterzubilden;[21] doch vor allem stärkt Johannes vom Kreuz ihre Seele.

Bei aller Pflichterfüllung erweist sie große Zuverlässigkeit, und das in einer Umgebung, die nicht dem entspricht, was sie im Grunde ihrer Seele empfindet. Die Predigten, die sie hört, entsprechen der damaligen Zeit; sie sind auf großen feststehenden Wahrheiten aufgebaut, aber vor allem auf die Idee der Gerechtigkeit hingeordnet. Die Vortragsexerzitien bedeuten ihr, wie sie schreibt, eine große Qual[22] wegen der Gegensätzlichkeit zwischen dem, was sie in ihrer Seele fühlt, den Intuitionen, die sie mit sich trägt, dem Licht, das sie leitet, und all dem, was sie hört und um sich herum tun sieht.

Ganz treu versucht sie sich in den Abtötungen zu üben, die damals im Kloster üblich sind. Sie trägt ein kleines Kreuz mit einem Nagel; da sie daraufhin krank wird, begreift sie, daß Gott das nicht von ihr verlangt. Gleichzeitig schenkt man ihr in ihrer Umgebung nicht allzuviel Aufmerksamkeit, weil sie jung und kräftig ist. Eines Tages sucht eine Schwester die Priorin auf und sagt zu ihr: „Wir sind dabei, die Gesundheit von Schwester Theresia einzubüßen!" Tatsächlich gibt ihr die Köchin lauter Reste zum Essen, selbst schlechtgewordene Dinge, weil sie sich nie beklagt.[23] Man stellt bei ihr eine außerordentliche Genauigkeit bei aller Pflichterfüllung fest.

Theresia lebt aus dem Geist von Johannes vom Kreuz und tritt gleichzeitig in tiefste Ängste ein. Sie wird selbst sagen: *„Sich der Liebe Gottes ausliefern, heißt, sich allen Ängsten ausliefern."*[24] Sie gesteht ein, daß sie sich *„in einem Tunnel befindet, wo es weder kalt noch warm ist",* wo sie nichts empfindet. So erklärt sie es uns: „Ich sehe nur das Licht, das aus dem verschleierten Antlitz unseres Herrn fällt."[25] Theresia erfährt eine beinahe vollständige Trockenheit, aber dennoch hält sie fest an ihrem Gebet ... Selbst wenn sie dabei manchmal schläft, weil sie während der Nacht vor Kälte nicht schlafen kann, an der sie „bis zum Sterben"[26] litt, wie sie selbst sagt.

Im Jahre 1891 hält ein Franziskanerpater die Exerzitien, und zum Glück versteht er sie. Wenn sie anderen Exerzitienleitern ihr Verlangen nach Gott, ihr Verlangen nach Liebe und ihre Erleuchtungen über Gott darlegte, schickte man sie weiter und sagte zu ihr: „Meine Tochter, seien Sie eine gute Ordensfrau, aber wollen Sie nicht zu hoch hinaus!" Das zeigt sehr gut die Mentalität der Zeit. Nur dieser Franziskanerpater ermutigt sie und „wirft sie", wie sie sagt, „hinaus auf den Weg der Liebe".[27] Im Jahre 1891 ist ein Teil ihrer Läuterung abgeschlossen.

Der liebende Gott: Sicherheit in der Nacht

Ein wenig später gibt ihre Schwester, Mutter Agnès, die Priorin geworden war, sie der Mutter Marie de Gonzague als Hilfe für die Ausbildung der Novizinnen,[28] unter denen ab dem Jahr 1894 ihre Schwester Céline sein wird. Gerade das Noviziat wird es Theresia ermöglichen, ihre Gedanken und Eindrücke weiterzugeben. Auf anderem Wege hätte sie diese nie vermitteln können. Da sie verpflichtet ist, zu ihren Mitschwestern zu sprechen, gibt sie das weiter, was sie fühlt und was sie selbst übt. Wenn man ihr Fragen stellt, führt sie auswendig Stellen aus den Schriften von Johannes vom Kreuz an; auch in den Erholungszeiten tut sie das, denn davon lebt sie.

Theresia erklärt auf diese Weise ein wenig ihre Lehre, aber immer in Angst wegen der Opposition ihrer Umgebung und wegen der Predigten, die sie hört. Ihre Unterrichtsweise ist neu. In ihrer dunklen Kontemplation macht sie eine Entdeckung Gottes, eine Entdeckung der absoluten Liebe; eine dunkle Entdeckung, die sie aber dank ihrer Wesensgemeinschaft (mit Gott) macht und die in ihr grundlegende Gewißheiten schafft: Gott ist Liebe. Sie wird sagen können: „Ich betrachte alle göttlichen Vollkommenheiten durch die Liebe hindurch, durch seine Barmherzigkeit;"[29] es gibt nur dies in Gott. Unbemerkbar für ihre Mitschwestern sucht Theresia weiter. Sie erklärt nur dann etwas, wenn sie dazu verpflichtet ist, sei es für ihre Novizinnen, sei es später, wenn man ihr auftragen wird, die Geschichte ihres Lebens zu schreiben. Für gewöhnlich lebt sie in der inneren Nacht. Man kann sagen, daß sie sich in den Arten von Sümpfen befindet, die die Reinigung des Geistes bedeuten,[30] Reinigungen, die viel weniger von lebhaften Schmerzen durch harte Kanten hervorgerufen werden — sicher gibt es deren verschiedene — als durch einen Nebel, durch einen Sumpf, in dem man steckenbleibt, ohne vorankommen zu können. Diese Prüfung voller Ängste hält an, jedoch mit starken inneren Antrieben zu Gott hin und mit schon gefundenen Überzeugungen. Es besteht eine Antinomie zwischen der fortschreitenden Entdeckung der Sünde und Neigungen in sich oder um sich her und der gleichzeitigen Entdeckung Gottes.

Der Gott, den Theresia entdeckt, ist Gott, der Liebe ist. Gleichzeitig sieht sie um sich herum, und das auch im Karmel, daß Gott nicht erkannt ist. Gott als Liebe ist nicht erkannt. Man kennt den Gott der Gerechtigkeit, *wie du mir, so ich dir,* und man versucht, Verdienste zu erwerben. Doch Theresia denkt: Nicht so muß ich ihm begegnen.[31] Gott ist Liebe, Gott ist Erbarmen. Aber was ist das, das Erbarmen? Das ist die Liebe Gottes, die sich über alle Ansprüche und über alle Rechte hinaus schenkt. Das Konzil von Trient sagt uns, daß Gott seine Gaben in zweierlei Weisen verteilt: entweder in Gerechtigkeit, das heißt, indem er die Verdienste belohnt, oder in Barmherzigkeit, das heißt über jeden Verdienst hinaus.[32] Er gehorcht dann seiner eigenen Natur, denn er ist Liebe, sich hinschenkendes Gut. Er hat das Bedürfnis, sich zu schenken; seine Freude ist das Sich-Schenken.

Theresia liest das Evangelium; und was findet sie dort? Sie findet Maria-Magdalena: ihr ist deswegen viel vergeben worden, weil sie viel geliebt hat.[33] Theresia sieht auch den verlorenen Sohn und die Freude des Familienvaters, der ihn wieder aufnimmt, denn das ist für ihn Gelegenheit zu schenken.[34] „Im Himmel ist mehr Freude über einen Sünder, als über neunundneunzig Gerechte, die durchhalten."[35]

Nicht die Sünde verherrlicht Gott; das, was ihn verherrlicht und ihm „*Freude macht*"[36], ist, sich schenken zu können und sich umsonst zu schenken. Hier ist das, was Theresia entdeckt: Was Gott Freude macht, ist das Sich-Schenken-Können über die Gerechtigkeit hinaus, ganz umsonst, nach dem ihm eigenen Bedürfnis und nach den Erfordernissen seiner Natur, die Liebe ist, und nicht nach den Verdiensten.

In einer fast scharfen Weise erfährt Theresia die Gegensätzlichkeit zu ihrer Umgebung, Gegensätzlichkeit zwischen ihrem inneren Licht, ihren Erfordernissen, und dem, was sie um sich herum praktizieren sieht. Man macht seine Abrechnung mit Gott: Wenn ihr vor dem ewigen Vater, der euch richten wird, ankommen werdet, wird er die Liste eurer Verdienste durchschauen: so viele Ablässe habt ihr gewonnen; so viele Verdienste habt ihr; dort also ist euer Platz. Aber Theresia ihrerseits sagt: „Ich werde mich hüten, meine Verdienste zu präsentieren; ich werde nur die Verdienste des Herrn vorzeigen. Ich, ich werde nichts haben, ich will nichts vorzeigen; ich werde den lieben Gott mich lieben lassen, so viel er nur will."[37] Und sie fügt hinzu: „Deswegen werde ich so gut aufgenommen werden."[38] Das ist das Zentrum ihrer Lehre.

Sich der Liebe ausliefern

Da sie sieht, daß Gott nicht geliebt wird, schickt auch sie sich an, „wiedergutzumachen". Die Liebe Gottes, die Erbarmende Liebe ist nicht bekannt; so wenige Menschen nehmen ihre Zuflucht zum Erbarmen. Jedermann appelliert an die Gerechtigkeit. Man rechnet mit Gott ab, während er sich doch nach seinen eigenen Bedürfnissen schenken will. Da sagt sich Theresia: „Der liebe Gott hat viel Liebe zu verschenken, aber er kann es nicht. Jeder präsentiert ihm seine Verdienste, und das ist so wenig ..." Sie stellt sich also vor Gott hin und sagt: „Gib mir diese Liebe! Ich bin damit einverstanden, Opfer der Liebe zu sein, das heißt alle Liebe zu empfangen, welche die andern nicht annehmen, weil sie nicht zulassen, daß du sie liebst, wie du es möchtest." So geartet ist ihr Vertrauen, das die Gerechtigkeit übersteigt. Sie denkt daran, eine Hingabe an die Erbarmende Liebe zu vollziehen. Das geschieht nicht ausschließlich deswegen, damit sie Liebe empfängt, sondern um „dem lieben Gott Freude zu machen". Es geschieht nur deswegen, damit Gott sich mühelos so viel schenken kann, wie er will. Sie macht sich zum Opfer der Liebe; sie ist damit einverstanden, von Liebe verzehrt zu werden, vorausgesetzt, daß Gott damit zufrieden ist. Es geschieht, um ihm Freude zu bereiten; es geschieht nicht, um heilig zu sein; es geschieht auch nicht unmittelbar deshalb, um die Liebe anderen zu schenken, sondern um Gott zufriedenzustellen. Ihre Hingabe ist auf Gott ausgerichtet. Theresia schaut nur auf Gott; sie lebt von dieser Liebe: sie will Gott zufriedenstellen, ihm Freude machen, ihm gestatten zu lieben.

Im Evangelium liest Theresia den Bericht vom Kind. Um in das Gottesreich einzugehen, muß man Kind sein.[39] Gewiß, man muß heilig sein; doch wer ist der Größte? Das ist der Kleinste, weil er der Schwächste ist; nicht weil er der ist, der am meisten verdient, sondern weil er durch seine Schwäche und Armut Gott das größte Gefäß anbietet, um alles aufzunehmen. Hier ist der Kern der mystischen Theologie der heiligen Theresia.

Gleicherweise findet sie bei Johannes vom Kreuz alle Horizonte der Liebe. In der *Lebendigen Liebesflamme* und im *Geistlichen Gesang* beschreibt er in sehr ausführlicher und reichhaltiger Weise die Wirkungen der Liebe Gottes in der Seele. Seine Beschreibungen stimmen mit der Erfahrung Theresias gut überein: Gott ist die Liebe, das Gut, das sich ausbreitet.

47

Liebe und Armut

Was also wird die Sendung Theresias sein? Sie besteht im Weiterschenken des Lichtes, das sie entdeckt hat. Sie will die Menschen bewegen, den Weg, auf dem Gott als einem Gott der Gerechtigkeit gedient wird — ein guter Gott, aber doch einer, der die Verdienste zählt —, zu verlassen, damit sie seine Barmherzigkeit verehren und so zu einem grenzenlosen Vertrauen geführt werden. Wie soll man den barmherzigen Gott verehren, wenn nicht durch das Vertrauen, das sich ihm anbietet, durch ein vollkommenes Vertrauen wie das Theresias, durch ein Vertrauen, das gleichzeitig sehr arm ist?

Vertrauen und Armut, Armut und Vertrauen! Der heilige Johannes vom Kreuz erklärt ihr, wie die Hoffnung durch die Armut gereinigt wird.[40] Sie kann versichern: „Die Erleuchtungen über meine Armut tun mir mehr Gutes als die Erleuchtungen über Gott.“[41] Sie fühlt das Verlangen, ihre Armut zu pflegen, und ist niemals glücklicher, als wenn sie arm ist.[42] Ihre Armut ist auf Gott ausgerichtet. Sie betrachtet sie als eine Fähigkeit, Gott aufzunehmen und Gott Freude zu schenken, der sich auf diese Weise verströmen kann.

Theresia steht hier in vollem Einklang mit Johannes vom Kreuz, für den sich die umformende Vereinigung in der absoluten Armut vollzieht. Wenn man absolut arm ist, ist man das absolute „Nichts“, dann ist man mit Gott geeint. Johannes vom Kreuz will damit sagen, daß auf dem Weg zu Gott, den er den „Aufstieg zum Karmel" nennt, zwei Einsichten ständig zunehmen: die über die Liebe Gottes und die über die eigene Armut.[43] Letzteres muß festgehalten werden, weil wir uns oft von der Erfahrung unserer Armut aufhalten lassen und denken: „Was wird Gott tun? Ich bin so arm!" Darauf erwidert Theresia: „Glücklicherweise sind Sie arm; deswegen gerade werden Sie viel empfangen." Für Theresia ist das Armwerden und die Empfindung der Armut ein Reichtum, weil es den Menschen befähigt, Gott aufzunehmen. Dieses Armsein ist vor allem dann ein Reichtum, wenn es durch eine Erleuchtung Gottes — vermittelt durch die Gaben des Rates und der Wissenschaft — besonders am Anfang des geistlichen Lebens geschenkt wird.

Theresia benützt sogar das, was ich „die Kunst der Niederlage" nenne. Sie setzt einen Akt; doch siehe, dieser Akt mißlingt, weil sie untreu ist. Dann sagt sie sich: „Wenn ich treu gewesen wäre, hätte ich den Lohn des Verdienstes erhalten; jetzt, da ich untreu und gedemütigt bin, werde ich den Lohn meiner Armut, meiner Demütigung empfangen." Dabei ist klar, daß sie nicht die Untreue als solche sucht.

Und hier die auf Gott bezogene Erkenntnis Theresias: Der Kleinste erhält gerade deswegen am meisten, weil er klein und arm ist; und so ist es ihr Ideal, die Kleinheit und Armut zu pflegen. Sie freut sich über alle Erfahrungen des Armwerdens und freut sich zu sehen, daß sie klein ist. Die Kleinheit und die

Armut, die Gott anziehen, müssen offensichtlich von Anstrengung begleitet sein. Theresia beschreibt den Weg der Vollkommenheit als einen Aufzug: der liebe Gott ist es, der uns emporhebt; nicht wir sind es, die hinaufsteigen.[44] Doch bevor der Aufzug kommt, hält sich Theresia am Fuß der Treppe auf und *„hebt ihren kleinen Fuß"*[45]. Sie kann die Staffel nicht erklimmen; ihr Fuß fällt zurück, aber sie hört nicht auf, den lieben Gott herbeizurufen und „Papa" zu rufen. So groß ist ihr Vertrauen, das an die Erfahrung der Armut gebunden ist. Nach einer gewissen Zeit steigt der liebe Gott herunter, nimmt uns in seine Arme und bringt uns hinauf zum Gipfel.

Ein kleiner Zug ihres Lebens zeigt das. Als eine Novizin ihre große Geduld sieht, sagt sie: „Mein Gott, wie mich das reizt! Sie ist so geduldig!" Daraufhin provoziert sie Theresia einen ganzen Vormittag lang, ohne jedoch zu erreichen, daß sie die Geduld verliert. Schließlich wirft sich die Novizin ihr zu Füßen: „Aber wie machen Sie das nur, daß Sie so geduldig sind?" Und Theresia gibt ihr zur Antwort: „Am Anfang war ich wie Sie; aber eines schönen Tages hat der liebe Gott mich genommen und dorthin gestellt." Das ist ihr Geheimnis: sie erwartet alle ihre Vollkommenheit vom Tun Gottes, der sie nimmt und ihr ihren Platz zuweist.[46]

Als sie zur Gehilfin der Novizinnenmeisterin ernannt wurde, ist Theresia mit dieser Aufgabe überlastet. Da sagt sie sich: „Ich werde mich dem lieben Gott

aufopfern. Ich bin sicher, er wird das in meine kleine Hand legen, was ich brauche"; und sie kann an-
fügen: „Es hat mir nie etwas gefehlt."[47] Ihr Vertrauen wird tatsächlich belohnt. Gott läßt sie in jedem Augenblick das finden, was sie braucht.

Eine neue Spiritualität

Die Lehre Theresias beruht auf der beschriebenen
Erfahrung. Ihr Zentralanliegen wird durch die
größte Gnade, die Theresia während ihres Lebens
erfahren hat, bestimmt: es ist die Erkenntnis vom
Erbarmen Gottes. Die Theologie, die sie daraus ab-
leitet, hängt mit einer Erkenntnis zusammen, die
der Wesensverwandtschaft (zwischen der Seele und
Gott) entspringt. In manchen Stunden hat sie Ängste ausgestanden, die sie sagen ließen: „Wenn ich im
Himmel sein werde, und wenn ich mich getäuscht
habe, werde ich kommen und sie darauf aufmerksam machen."[48] Aber im Grunde besaß sie eine un-
erschütterliche Gewißheit.

Ihre ganze Lehre wird von diesem tiefen Bewußtsein getragen sein. In den folgenden Ausführungen
will ich versuchen, Ihnen das darzulegen; doch ich
mußte Ihnen zeigen, wie diese Lehre unsere Spiritualität gewissermaßen verändert hat. Sie ist nicht
die einzige gewesen; es hat seit damals auch andere
Botschaften der Liebe gegeben; aber ich glaube, daß
jene Theresias die bedeutendste bleibt, sowohl vom
theologischen Gesichtspunkt aus gesehen wie auch
in bezug auf Gottverbundenheit.

In den darauffolgenden Jahren empfahl Pius X. die häufige Kommunion, was uns auf eine positive Heiligkeit hinordnete. Die Heiligkeit und die Askese des 19. Jahrhunderts sind negativ: man sucht vor allem, sich zu reinigen und Gott Genugtuung zu leisten, während das besondere Kennzeichen der Spiritualität unserer Epoche gerade der positive Aspekt der Liebe ist, der in das sittliche Verhalten einfließt; und das ist es, was seinen Erfolg ausmacht. In jeder Epoche folgt man seiner Gnade und dem Licht, das Gott gibt. Früher bestand man mehr auf dem Opfer; augenblicklich ziehe ich es viel mehr vor, die Gegenwart Gottes und den Kontakt mit ihm zu betonen. In all dem war Größe, aber über die Liebe und das göttliche Erbarmen herrschte nicht dieselbe Klarheit wie heute. Schließlich erfuhr die damalige Spiritualität auch keine Verbreitung, denn nur wenige Menschen besaßen die Kraft, nach jener Spiritualität zu leben. Jetzt aber findet das mystische Leben sicherlich eine sehr weite Verbreitung durch die Macht und die Erkenntnis des göttlichen Erbarmens.

So kann man zwei Epochen unterscheiden, und ich glaube, Theresia ist der Herold des neuen Zeitabschnitts. In gewisser Weise hat sie die Spiritualität des Apostels Paulus erläutert und modernisiert. Er sagt: „Durch die Gnade Gottes bin ich, was ich bin ... Die Gnade Gottes ist in mir nicht unwirksam geblieben."[49]

Die Größe der heiligen Theresia beruht auf ihrer

Entdeckung des göttlichen Erbarmens. Sie sagte eines Tages zu ihrer Krankenpflegerin: *,,Sie wissen gut, daß Sie eine Heilige pflegen.''*[50] Als man ihr die Fingernägel schnitt, sagte sie: *,,Heben Sie diese gut auf; sie werden Ihnen Freude machen.''*[51] Sie machte auch die Bemerkung: *,,Man sagt, daß ich Tugend habe. Das ist nicht wahr; man täuscht sich ständig. Ich habe keine Tugend; es ist der liebe Gott, der mir in jedem Augenblick gibt, was ich brauche. Ich habe genau das, was ich für den gegenwärtigen Augenblick brauche.''*[52] Das sind außergewöhnliche Antinomien, die uns aus der Fassung bringen könnten. Es gibt bei Theresia Großartiges und sehr Großes. Ich gestehe Ihnen, daß ich sie während vierzig Jahren viel studierte, und sie hat mich oft schwindelig werden lassen, so groß ist sie. Sie hat für uns das Wissen um die Gaben des Heiligen Geistes erneuert. Die Art und Weise, wie sie dieses Wissen beispielsweise in ihrer Kontemplation erläutert, entspricht Thomas von Aquin. Es handelt sich weder um Affekthascherei noch um ganz neue Tatsachen, sondern um eine Entdeckung, eine Veranschaulichung der überlieferten Lehre. Ich glaube, das ist eine der großen Gnaden unserer Zeit.

In ihrer Umgebung war Theresia ganz allein. Ich kannte Mutter Agnès seit 1927; ich habe sie sehr geliebt und verehrt; sie wie auch ihre Schwester Geneviève waren heiligmäßige Frauen. Aber Theresia ist unter ihnen ein Riese, der sie weit überragt. Sie ist wohl die einzige, die Johannes vom Kreuz gelesen und durch und durch verstanden hat. Trotz ihrer überlegenen Intelligenz und ihres geistlichen Wissens zeigt sie einen vollkommenen Gehorsam, was ihre Übernatürlichkeit auf allen Ebenen beweist.

Wir müssen dieses auf Gott ausgerichtete Wissen und diese Kenntnis des Erbarmens in praktischer Weise auswerten. Theresia hat unsere Epoche geprägt. Sie hat es gewissermaßen ermöglicht, die Kontemplation und selbst die Heiligkeit den Menschen zugänglich zu machen und zu verbreiten.

II. VOR GOTT WIE EIN KIND

Theresia vom Kinde Jesus hat eine Sendung für die ganze Kirche, die zweifellos über den Karmel hinausgeht. Die Sendung beruht zunächst auf ihrer Kontemplation. Man hat ihre kleinen Opfer analysiert, ihren Akt der Hingabe an die Erbarmende Liebe und noch andere Punkte, die wichtige Elemente ihrer Spiritualität bilden. Doch ich glaube, die eigentliche Basis ihrer Spiritualität ist die Kontemplation: alles ergibt sich für Theresia aus ihrer Gotteserkenntnis.

Theresia entdeckt das Erbarmen Gottes

Der Gott, den Theresia entdeckt, ist nicht mehr der Gott der Gerechtigkeit, sondern der Gott des Erbarmens: Theresia sieht alles im Lichte der göttlichen Barmherzigkeit. Während der langen Zeiten des inneren Betens hat sie das göttliche Erbarmen erfahren. Diese Erfahrung entsprang der Wesensgleichheit (zwischen Seele und Gott) als Frucht der Liebe und der Gnade. Sie hat die Liebe, die in Gott ist, gefunden und auch das göttliche Verlangen, sich zu schenken, und zwar sich umsonst zu schenken. Darin liegt die eigentliche Seligkeit Gottes. Sie ist kein Zufall; man könnte sagen, sie ist von der göttlichen Natur abzuleiten. Gott hat in der Menschheit Christi, die er mit seiner Gottheit gesalbt hat, seine größte Freude gefunden. Dasselbe gilt für die Gottesmutter, indem er ihr die Fülle der Gnade durch die Bewahrung vor Sünde zugedacht hat. Christus (in seiner menschlichen Natur) und Maria sind umsonst (mit Gnade) erfüllt worden; sie hatten dazu nichts beigetragen, denn sie existierten vorher noch nicht. Gott hat ihnen die Gnade im ersten Augenblick ihres (menschlichen) Daseins geschenkt. Darin also besteht die große Freude Gottes.

Diese Erkenntnis Gottes stellt die Grundlage der Spiritualität von Theresia dar. Alles wird von dort ausgehen. Sie sagt selbst, worin ihre Sendung besteht: den lieben Gott bekannt machen, wie sie ihn kennt; bewirken, daß man ihn liebt, wie sie ihn liebt.[53] Das hat nichts Außerordentliches an sich. Es handelt sich einfach um die Wirkungen unserer Taufgnade. Theresia ist gewiß eine große Mystikerin und eine große Kontemplative, aber sie ist es durch ihre Taufgnade. In unserer Auffassung ordnen wir die hohe Kontemplation nicht mystischen Regionen zu, die kein Mensch erreichen kann. Weisen wir ihr den ihr eigenen Platz zu, das heißt (integrieren wir sie) in die Entfaltung unserer Taufgnade!

Der große Irrtum besteht gerade darin, die außergewöhnlichen mystischen Gnaden hervorzuheben und zu sagen: „Das ist etwas für die Heiligen, für einen Don Bosco, eine heilige Teresa. Ich gehöre nicht in diese Kategorie; demzufolge wiege ich mich in Sicherheit, und ich riskiere nichts! ..." Nein, wir sind alle dazu berufen, und das Konzil erinnert uns in sehr glücklicher Weise daran.

Sich Gott überlassen wie ein Kind

Welche geistliche Lehre wird Theresia aus der Erkenntnis des Erbarmens ziehen? Theresia hat tatsächlich eine Lehre. Sie selbst hat diese nicht in einem Lehrbuch oder einer Schrift dargelegt, aber sie ist leicht aus ihren Schriften abzuleiten.

Weil Gott Vater ist, ein Vater voll Erbarmen, deshalb hat er — zögern wir nicht, dieses Wort zu verwenden! — das *Bedürfnis*, uns zu lieben. Er hat Freude daran, uns zu lieben. Die erste Folgerung Theresias daraus ist, sich Gott zu überlassen, ohne auch nur einen Augenblick von ihm zu weichen. Sie sagt: „Ich kenne den lieben Gott; er ist ein Vater; er ist eine Mutter, die, um glücklich zu sein, ihr Kind auf ihren Knien haben muß, an ihrer Brust."[54] Ein Vater empfindet das gleiche Bedürfnis der Liebe. Theresia kannte die Liebe ihres Vaters, der normalerweise das Bedürfnis hatte, seine kleine Tochter zu sehen. Man muß sich also Gott überlassen und ganz auf ihn bezogen sein; darin besteht Vollkommenheit. „Ich bin nicht für mich da, sondern für ihn. Ich besuche den lieben Gott, weil ihm das Freude macht, und weil er Freude hat, mich zu sehen."[55] Und das ist wahr! Das sind keine Mythen. Diese Haltung beruht auf der Natur Gottes; sie ist durchaus gottbezogen. Noch einmal: Ich gehe nicht hin, um etwas zu empfangen, sondern um ihm Freude zu machen. Theresias einziger Beweggrund ist, Gott Freude zu machen.

Was ist es also, was ihm Freude machen könnte? In dieser Hinsicht verfügt sie über wunderbare Zärtlichkeiten. Sie mögen kindlich erscheinen, aber sie sind sehr schön. Theresia sagt: „Wenn der Himmel auch nie so schön wäre, wie ich ihn mir vorstelle, so werde ich doch versuchen, meine Enttäuschung zu verbergen, um dem lieben Gott keinen Kummer zu machen."[56] Oder auch im Winter, wenn sie friert, denkt sie: „Der liebe Gott liebt mich. Er ist nicht zufrieden, wenn ich friere und so sehr leide." Sie versucht dann, ihr Leiden vor ihm zu verbergen. So reibt sie sich die Hände und sagt: „Ich tue es heimlich, damit der liebe Gott mich nicht sieht, damit er keinen Kummer hat."[57] Kindereien wird man sagen ... Ja, die Ausdrücke sind kindlich, aber die Absicht ist erhaben. Man spürt in der Beziehung Theresias zu Gott ein feines Empfinden. Das ist Liebe, aber nicht die Liebe, die etwas zu gewinnen sucht, sondern die schenkt. Das ist ganz gewiß etwas anderes als die Gerechtigkeit „wie du mir, so ich dir"; ich gebe dir etwas, damit du mir etwas gibst. Man kommt mit Rechnungen, und Gott ist dann verpflichtet zu geben, was geschuldet ist. Nein, was Theresia sucht, ist, Gott Freude zu machen. Damit hat ihre Lehre eine kontemplative Grundlage. Wer auch immer nach dieser Lehre leben möchte — Ordensleute, Priester oder Laien —, Theresias Lehre fordert eine kontemplative Basis, das heißt dieses Suchen nach Gott, diesen Kontakt und dieses Leben mit ihm. Diese Haltung hat als Ziel, ihn zufriedenzustellen, ihm Freude zu machen, weil er sich freut, wenn seine Kinder bei ihm sind, und weil er uns liebt, wie ein sehr guter Vater seine Kinder liebt.

Die erste Haltung also — und das ist auch die erste Folgerung — besteht darin, sich in der Nähe des lieben Gottes aufzuhalten. Wenn man Theresia bekannt machen will, würde man, so glaube ich, viel gewinnen, wenn man dies zuerst hervorheben würde und sich nicht auf die kleinen Opfer und die Weihehingabe beschränkte. Alle diese Dinge sind gewiß wichtig, aber es handelt sich vor allem um ein Sich-Gott-Überlassen, um ihm Freude zu machen. Wenn man das begreift, dann erfaßt man das Wesentliche. Kinder begreifen das sehr gut; dank ihres kindlichen Gespürs wissen sie sehr genau, daß ihre Mutter es braucht, sie zu sehen.

Gott ins Angesicht schauen

Das Verweilen vor Gott ist tatsächlich ein kontemplatives Verweilen, denn die Kontemplation besteht vor allem darin, bei Gott zu sein und ihn anzuschauen. Legen wir zu diesem Zweck alle Begriffe beiseite, die wir mitbekommen haben: Meditation, Gefühle, Empfindungen und so weiter. Sie sind vergleichbar mit der Farbe eines Gewandes, das wir anlegen, um jemand zu besuchen. Das ist aber ganz und gar zweitrangig; was wichtig ist, ist sein Antlitz.

Der Kontakt mit Gott ging bei Theresia sehr weit.

Während eines Gespräches mit ihrer Schwester Geneviève — ich sprach oft mit ihr und versuchte ganz offen, alle ihre Geheimnisse kennenzulernen —, sagte sie mir:

— „Meine Schwester hatte keine besonderen Frömmigkeitsübungen.

— Wie? Sie hatte das nicht?

— Nein! Zum Beispiel faßte sie die Verehrung des Herzens Jesu nicht so auf, wie man das allgemein tut.

— Warum?

— Weil man daraus eine Andacht gemacht hat, während sie eine Form der Verehrung ist, jene der göttlichen Liebe. Ihr eigenes Verständnis ging über alle gebräuchlichen Übungen hinaus: der erste Freitag im Monat und so weiter.

— Aber in bezug auf das Heiligste Antlitz?

— Oh (so sagte sie mir), die Andacht zum Heiligsten Antlitz ist keine Andacht. Wenn Sie jemand lieben und Sie ihn anschauen, dann blicken Sie auf sein Gesicht, nicht auf seine Fersen, nicht einmal auf seine Schultern."

Für Theresia bestand die Andacht zum Heiligsten Antlitz darin, Gott anzuschauen. Das ist durchaus in Ordnung, weil auf Gott ausgerichtet.

Theresia schaute auf Jesus; sie suchte seinen Gesichtsausdruck in den Weissagungen des Jesaja, im Heiligsten Antlitz, das voller Schmerzen ist. Die Andacht zum Antlitz Jesu ist nichts anderes als eine Form der Andacht für die Person, denn das Antlitz stellt die Person dar. Theresia hatte vollkommen recht: „Sein Antlitz, das ist mein Licht, das ist meine Andacht."[58] Sie schaute Gott durch sein menschliches Aussehen hindurch an, denn dort fand sie den Widerschein seiner Göttlichkeit und zugleich die Spuren seines Leidens.

Die Kontemplation besteht tatsächlich darin, Gott anzuschauen, sein Angesicht anzuschauen, ihn selbst anzuschauen. Das ist ein einfacher Blick auf die Wahrheit (simplex intuitus veritatis). Theresia schaute ihm ins Antlitz, um seine Empfindungen, seine Verhaltensweisen zu sehen, um seine Vorlieben zu kennen und sich ihnen anschließen zu können; nicht um sich zu bereichern, sondern um ihm Freude zu machen. Auch nahm sie das Evangelium zur Hand, um hier den „Charakter des lieben Gottes" zu suchen.[59]

Einfachheit des kontemplativen Schauens

Anfangs war Theresias Schauen auf Gott von großer Frömmigkeit und durch viele Neigungen angespornt. Sie berichtet, wie ihre Kommunion ein Einswerden[60] war. Später lernt sie bei Johannes vom Kreuz den Kontakt durch den Glauben, der sie in das Innere Gottes eindringen läßt und der Gott schenkt; von da an genügt ihr das.

Teresa von Avila sagt uns: „Ich weiß, daß Ihr Euch mit dem Glauben aufrecht halten könnt, ohne etwas zu sehen, ohne etwas zu denken."[61] Das ist es, was Theresia vom Kinde Jesus verwirklicht, ohne es ausdrücklich zu sagen. Sie empfindet weder Geschmack, noch hat sie einen Gedanken, nichts. Sie ist eine so große Kontemplative, daß ihr inneres Gebet nichts anderes ist als ein Eintauchen in den Glauben. Man sieht bei ihr keine Einzelheiten; sie erzählt nie von ihren Unterredungen mit unserem Herrn. Es ist ein Kontakt in Trockenheit und Unvermögen. Sie schreibt: *„Ich bin in einem unterirdischen Gang, wo es weder kalt noch warm ist."*[62] Beachten wir, daß sie geistlich gesprochen nicht einmal Abscheu empfindet. Wenn sie solche empfunden hätte, wäre das ja noch eine Erfahrung gewesen, aber da ist nichts; da herrscht völlige Leere. Es gibt nur ein „gedämpftes Licht, *das Licht, das die gesenkten Augen im Antlitz meines Verlobten ausstrahlen"*[63]. So wird ihr Gebet während ihres ganzen Lebens im Karmel sein.

Während ihrer Danksagung, wenn unser Herr in ihr gegenwärtig ist, erfährt Theresia eine noch etwas größere Trockenheit, und zwar so sehr, daß sie zum Schluß die Engel herbeiruft, damit diese ihre Danksagung, die ganz Trockenheit war, „reparieren". „Ich rufe die heilige Jungfrau und die Heiligen herbei", sagt sie, „damit sie zu Jesus etwas sagen, denn ich selbst weiß ihm nichts zu sagen."[64] Und hier noch etwas Köstliches: „Ich weiß ihm nichts zu sagen; deshalb rufe ich die Engel und die Heiligen herbei und sage ihnen: ‚Verständigt nun ihr euch mit ihm; er ist da; ihr werdet ihm ein Fest bereiten.'" So geartet ist ihre Trockenheit.

Theresia gibt eine Zusammenfassung ihres Gebetes, wo sie den Vergleich mit dem *kleinen Vogel* erzählt, der seinen Kopf hebt, *um seinen Blick auf die göttliche Sonne zu richten.*[65] Aber wegen des Nebels schläft der kleine Vogel manchmal ein ... Ich habe eines Tages diesen Vergleich in den authentischen Handschriften entdeckt, die noch nicht veröffentlicht waren; und ich gestehe, daß ich vor diesem Text ins Stocken geraten bin. Ich sagte damals, daß dies ihr schönster Abschnitt sei, aber man sah seinen Wert nicht. Warum? Weil man behauptete, ihr Gebet sei diskursiv gewesen und daß sie das Evangelium brav betrachtet habe wie ein guter Seminarist im zweiten Jahr. Aber in Wirklichkeit hat sie in Trockenheit gelebt. Und genau das ist es, was sie zu einer großen Beschaulichen macht.

Die Kontemplation ist ein „simplex intuitus", das heißt ein einfaches Schauen auf die Wahrheit, auf Gott. Was bedeutet *einfach*? Daß dem absolut nichts anderes beigefügt ist. Einfach ist etwas, wenn es keine Verzierung daran gibt, keine nachgeordneten Elemente, sondern einzig die Natur dieser Sache in sich selbst. In diesem Sinne ist die Kontemplation Theresias sehr einfach: für ihren sehr einfachen

Blick gibt es keine Verzierung oder irgendein zweitrangiges Element. Es gibt nur den Blick, ohne Trost und ohne Erleuchtung. Das ist mit dem *einfachen* Schauen gemeint ... Man könnte sagen, daß das nicht viel bedeute; das sei so einfach ... Aber genau diese Einfachheit macht ihre Vollkommenheit aus!

Was ist Gott? Drei Personen in einer einzigen Gottheit. Welches ist die größte der göttlichen Eigenschaften in der Ordnung des Seins? Die Einfachheit. Gewiß, Gott umschließt in seiner Einfachheit allen Reichtum seiner göttlichen Eigenschaften. Was macht die Schönheit des Sonnenlichtes aus? Daß es auch so einfach ist. Man kann es mit Hilfe eines Prismas zerlegen, aber in sich ist es einfach. Es gibt hier nur das Wesentliche, frei von allem Zusätzlichen. Johannes vom Kreuz sagt, daß genau darin vollkommene Kontemplation besteht: Er vergleicht sie mit einem Lichtstrahl, der durch ein Fenster eintritt und es auf der anderen Seite wieder verläßt. Wenn die Luft ganz rein ist, sieht man absolut nichts; wenn es dort aber Mikroben und Staub gibt, sieht man sie im Sonnenstrahl tanzen. Ist die Luft sehr rein, wird der Sonnenstrahl durch das Glas auf der einen Seite eindringen und es auf der anderen Seite wieder verlassen, ohne sich sehen zu lassen. Genauso ist es, sagt er, mit der Kontemplation in einer Seele: ihre Reinheit macht ihre Vollkommenheit aus, und ihre Einfachheit macht ihre Erhabenheit aus.[66] Wenn im Bereich des Handelns die

Barmherzigkeit das höchste der göttlichen Attribute ist, dann ist es im Bereich des Seins seine Einfachheit.

Umformender Blick

Ein einfacher Kontakt mit Gott berührt Gott — gerade wegen seiner Einfachheit und Reinheit. Er dringt in das Innere Gottes ein, er tritt ein in die göttliche Wesenheit. Eine derartig reine Kontemplation, die lange Zeit andauert, bereichert die Seele mit Gnade, mit „göttlicher Substanz", könnten wir sagen. Sie entfaltet diese Gnade in einzigartiger Weise, indem sie einen Austausch zwischen der Seele und Gott herstellt, eine Verbindung von Gott, der Liebe ist, mit der Seele.

Die ganz einfache Kontemplation, in der Gott sich verströmt, erzeugt für gewöhnlich eine Umformung. Alle Elemente, die wir einsetzen (unsere Betrachtung, unsere schönen Ideen, unsere Vorlieben ...), können die Umformung verhindern oder ihre Wirksamkeit einschränken und ein Hindernis für die Reinheit des Kontaktes bilden, gerade weil wir uns daran hängen. Mehr noch: wir schätzen uns glücklich, Trost zu empfinden. Und wenn wir auch nicht glauben, daß wir Heilige sind — so weit gehen wir nicht —, so doch wenigstens, daß unser Gebet nicht so schlecht ist ... Alle diese zweitrangigen und menschlichen Elemente, an die wir uns klammern, sind Hindernisse, um an Gott zu rühren und die Verbindung mit ihm herzustellen.

Das ganz einfache Schauen bewirkt also eine Umformung. Wie könnte man sonst erklären, daß die *Selbstbiographischen Schriften* so sehr mit Göttlichem beladen sind? Wir fühlen es alle, nicht wahr, daß diese Seiten mit Göttlichem geradezu übersättigt sind? Ich erinnere mich meines Eindrucks, als ich zum erstenmal die noch unveröffentlichten Briefe Theresias an ihre Brüdermissionare in Händen hielt. Ich sagte mir: „Briefe wie diese erhalte ich von Karmelitinnen jeden Tag! Das ist derart einfach; es gibt nichts, nicht einmal große Aufschwünge, nichts von all dem." Aber wenn man nach und nach in sie eindringt, merkt man, daß sie eine außergewöhnliche Lehre enthalten. Man begreift sehr gut, daß eine Karmelitin von Lisieux sagen konnte: „Diese Kleine! Unsere Mutter wird sehr in Verlegenheit sein, um den Rundbrief nach ihrem Tod zu verfassen, denn sie hat nichts getan, was die Mühe lohnen würde, daß man davon erzählt."[67] Das ist derart einfach, daß daran nichts auffällt; man beachtet die originellen, aber nicht die einfachen Leute.

Eine ganz einfache Kontemplation hat also die Seele einer Theresia von Lisieux mit Göttlichem und Übernatürlichem überreich erfüllt, wie die *Selbstbiographischen Schriften* zeigen. Ihre Schwester Marie du Sacré-Cœur hatte völlig recht, als sie dringend darum bat, Theresia sollte ihr etwas schreiben, egal in welcher Form.[68] Was steht Besonderes in den *Selbstbiographischen Schriften*? Fast nichts, und man begreift leicht, daß Menschen, die Übernatürliches nicht wahrnehmen, sich fragen, warum man den kleinen Geschichten einer Ordensfrau und den unbedeutenden Vorfällen in einer Gemeinschaft Aufmerksamkeit schenkt. Wir finden bei Theresia tatsächlich in allem eine Gottbezogenheit; ihre Heiligkeit, ihre Entdeckung Gottes und die Entdeckung des göttlichen Erbarmens hat sie durch die von ihr beschriebene Kontemplation verwirklicht.

Hier ist also ein offener Weg, eine Lehre, die ich verbreitet sehen möchte. Es ist notwendig, daß wir einen beträchtlichen Teil unseres Lebens der Kontemplation widmen, die ein Kontakt ist, eine Einigung mit Gott, ein dauernder Blick auf ihn. Schauen wir dazu auf Theresia!

Kontemplative Askese

Wir müssen noch einen anderen Aspekt betrachten: den asketischen Gesichtspunkt. Es handelt sich nicht nur darum, die Übertreibungen der Vergangenheit zurückzuweisen; die Askese bleibt sicher notwendig. Wie also wird die Askese aussehen, die von einem Menschen, der das Erbarmen erfahren hat und davon lebt, geübt wird? Theresia hat dazu die Begebenheit des Evangeliums vom Kind aufgegriffen. Man muß Kind sein, sagt sie. Was will das besagen? Nichts tun? Keineswegs! Sie ist ein sehr energisches und geradezu heroisches Mädchen. Sie profitiert von der Situation des Kindes oder besser davon, daß Gott Erbarmen ist, um den Stolz zu bezwingen, den wir in die Askese hineinlegen.

Ein wichtiger Punkt! Wir wollen uns Gott nähern, aber auf eigene Faust: „Du wirst sehen, wozu ich fähig bin! Mein Gott, das ist doch selbstverständlich, daß du mir helfen wirst, nicht wahr?" In unserem Vertrauen auf uns selbst und im Dynamismus, den wir vor allem in der Jugend haben, im Vertrauen, das wir auf unsere Intelligenz setzen, sagen wir: „Mein Gott, ich nehme die Mühe auf mich; hilf einfach, daß es gelingt!" Dieses Stolzsein auf die eigene Anstrengung stellt offenbar ein großes Hindernis dar; das Selbstvertrauen verdirbt weitgehend unsere Aktivität und schwächt dabei ganz sicher unsere Wirkkraft. Theoretisch wissen wir sehr gut, daß Gott es ist, der alles wirkt. Nichtsdestoweniger wollen wir alles aus uns selbst tun und nehmen so den Platz Gottes ein. Wir sagen: „Um das mystische Leben kümmere ich mich später, wenn Schwierigkeiten auftauchen; für den Augenblick komme ich gut zurecht, und das wird sicher anhalten." Ja, es gibt einen Stolz der Askese, einen Stolz in der apostolischen Arbeit. Wir verwechseln so leicht die Heiligkeit mit dem Heroismus. Wir wollen Helden sein, das heißt, wir wollen den Erfolg unserer physischen oder intellektuellen Kräfte absichern, ja vor allen Dingen den der menschlichen und natürlichen Macht bestätigen. Im Kampf erringt der Held den Sieg; der Heilige aber ist jener, der Gott in sich siegen läßt. Hier liegt der Unterschied. Wir sind heilig, wenn Gott alles in uns tut; und wir sind nur dann vollkommene Kinder Gottes, wenn Gott uns leitet, uns erleuchtet, und wenn wir uns ihm vollständig unterwerfen.

Am Anfang unseres geistlichen Lebens steuern wir unbewußt wegen der Erfahrungen mit unseren eigenen Kräften und wegen des Stolzes, der uns antreibt, unsere Kräfte zu zeigen, auf eine gewisse Heldenhaftigkeit zu; selbst im geistlichen Bereich ist man dem ausgesetzt. Es ist fast unvermeidlich: auch Theresia wollte Jeanne d'Arc nachahmen.[69] Bald hat sie verstanden, worin die Versuchung lag. Sie hat sie dadurch überwunden, daß sie nur ein ganz schwaches und unvollkommenes Kind sein wollte. „Das bist du, mein Gott, der alles tut"[70], sagt sie.

Was uns angeht, so tragen wir die Versuchung in die Askese hinein, wenn wir alles aus eigenen Kräften tun wollen und wenn wir uns recht oft auffälligen Arbeiten zuwenden. Was die äußere Abtötung angeht, sagt Theresia — und damit beweist sie, welch großen Mut sie (ihrer Gemeinschaft gegenüber) hat: „Der liebe Gott will das nicht für mich." Tatsächlich hatte sie versucht, ein Eisenkreuz mit Stacheln zu tragen, was sie krank gemacht hatte.[71] Daraufhin begriff sie, daß diese Art der Askese nicht die ihre war. In jener Zeit erweckte eine solche Äußerung besonders im Karmel von Lisieux beinahe den Eindruck, man sei eine schlechte Ordensfrau.

Während meines Noviziats[72] trugen wir fast alle Tage Bußwerkzeuge. Das schien ganz normal, denn man meinte, man könne Novizen nicht ohne außergewöhnliche Bußwerkzeuge heranbilden. Die Gürtel aus Roßhaar taten nicht sehr weh, aber am Ende des Tages waren wir doch sehr nervös. Es war auch gleicherweise gebräuchlich, Ketten oder Bänder aus Eisen an den Armen oder Beinen zu tragen. Am Abend konnte der, welcher blutige Glieder hatte, sagen: „O mein Gott, du siehst, was ich für dich getan habe!", ohne die möglichen Fehler zu zählen. Zur Zeit der heiligen Theresia praktizierte man diese Askese auch, welche ich „Askese 1900" nenne. Seither hat Theresias Einfluß bewirkt, daß sich die Meinungen geändert haben. Sie hat diese Praktiken, die zu ihrer Zeit allgemein gebräuchlich waren, gleichsam in Verruf gebracht, und zwar wegen des Stolzes, der sich darin verbarg. Sie sagt: „Der liebe Gott verlangt von uns nicht, Abtötungen und Prüfungen zu stapeln." Vielleicht sehen wir heute die Bedeutung dieses Punktes nicht mehr genügend; aber früher, als eine Spiritualität der Wiedergutmachung betont wurde, wirkte sich diese Wiedergutmachung üblicherweise in außergewöhnlichen Abtötungen aus.

Treue zur Standespflicht

Wird Theresia sich also aller Askese enthalten? Nein! Aber alle Askese wird sie in der Ausübung der Standespflicht üben. Dieses Mädchen aus der Normandie hat gesunden Menschenverstand! Alle Energie, die man früher für außerordentliche Abtötungen aufwandte, wird Theresia ihrer Standespflicht zuwenden; alle Pflichten erfüllt sie rechtschaffen und geradezu vollkommen. Ganz aufmerksam ist ihr ganzes Menschsein, selbst ihre Seele, auf die Pflichterfüllung ausgerichtet, gleich welcher Art sie auch sei: Decken ausschütteln, eine Treppe kehren oder ein Apostolat ausüben. Theresia fordert eine solche Haltung; die Formung, die die Novizinnen durch Theresia erhalten, soll ihnen zur genauen Erfüllung ihrer Standespflicht verhelfen. Auch was die Genauigkeit anbelangt, ist sie sehr zuverlässig. Sie fällt nicht auf, weil sie sorgfältig arbeitet. Mutter Marie de Gonzague, eine etwas melancholische Person mit autoritärem Temperament, vervielfältigte die Verpflichtungen und Anweisungen. Ihre Kommunität kannte sie: nach einer Woche entfiel, was sie angeordnet hatte; man erwartete keine gegenteiligen Anweisungen, sondern andere. Theresia kam einer Anweisung so lange nach, bis die Oberin ihr Gegenteiliges sagte.[73] So treu übte sie den Gehorsam.

Sie war dabei sogar bis in Einzelheiten gegangen, die uns heute ein bißchen lächerlich vorkommen, was aber zu ihrer Zeit gehörte. In der Beobachtung der Armut zum Beispiel benutzte sie immer die Rückseite der Briefumschläge, oder aber sie schrieb auf kleine Papierstücke. Meistens sind ihre kleinen Briefe auf Zettel geschrieben, die auf der anderen

Seite bereits beschrieben waren; ihre Umschläge sind wiederholt verwendete Umschläge. Und weil sie sich nur selten ihrer Feder bediente, rostete sie von einem zum andern Mal; also schabte sie sie ab und weichte sie dann in ihrer Milchschale ein, um sie geschmeidig zu machen. Das ist — gemäß dem Verständnis der damaligen Epoche — ein Zeichen von Treue.[74] Heute würden wir nicht mehr so handeln. Aber sie war zu einer Zeit eingetreten, als solche Verhaltensweisen vorherrschten; sie entsprachen festen Gewohnheiten. Theresia zeigte also eine peinliche Sorgfalt in bezug auf viele andere ähnliche Punkte: sie erfüllte ihre Standespflicht einerseits aus Gewissenhaftigkeit, andererseits aus dem Bewußtsein, vor Gott zu stehen, in vollkommener Weise. Das war ihre Askese. Es versteht sich, daß eine solche Askese sehr verdienstlich und sehr schwierig ist. Wenn wir versuchen, in solcher Haltung unserer Alltagspflicht nachzukommen, werden wir die Schwierigkeiten der Askese erkennen; denn es geht darum, alle Vorgänge unseres Tagewerks als Standespflicht zu betrachten und nicht nur die Pflichten, die zu unserem Beruf gehören. In all ihrem Tun zeigt Theresia eine große Vollkommenheit.

Strahlende Nächstenliebe

Vor allem übte sich Theresia in der Nächstenliebe. Hierin hat sie ihre Heiligkeit bewiesen. Die Liebe zu ihren Schwestern zeigte sich in außergewöhnlicher Feinfühligkeit. Sie hatte beispielsweise im Noviziat eine Schwester als Gefährtin, die sich an Mutter Marie de Gonzague gehängt hatte (was für ein junges Mädchen in etwa normal ist). Die junge Schwester besuchte Mutter Gonzague so oft als möglich.[75] Man hatte Schwester Theresia erlaubt, sich mit dieser Schwester zu unterhalten. In den Konstitutionen des Karmel ist tatsächlich vorgesehen, daß sich eine Schwester mit Erlaubnis der Priorin mit einer anderen Schwester unterhalten kann, um sich zur Tugend anzuspornen. Theresia hatte gesehen, daß die kleine Schwester viel zur Mutter Priorin lief. Dabei verspürte sie selbst mit ihrem Herzen von achtzehn Jahren ein tolles Verlangen, ein bißchen Liebe zu erhaschen, getröstet zu werden oder auch nur Kontakt mit ihrer Mutter Priorin zu haben. Der sehnliche Wunsch danach löste in ihr ein so starkes Verlangen, die Mutter zu besuchen, aus, daß sie sich am Geländer festhielt, um nicht auf der Stelle dorthin zu gehen.[76] Das ließ sie die andere Schwester verstehen, die so oft zur Priorin ging. Theresia zögerte nicht, ihre Mitschwester eines Tages darauf aufmerksam zu machen. „Da wir zusammen sind, um uns zur Tugend anzuspornen, meine Schwester: wissen Sie, ich glaube, daß sie zu oft die Mutter Priorin besuchen." Damit nahm sie ein großes Risiko auf sich, denn offensichtlich konnte die Schwester unmittelbar hingehen und das der Priorin melden, doch Theresia wagte, die Wahrheit zu sagen, und dank ihrer Haltung hat die Schwester es verstanden.

Eine andere, ein wenig melancholische Schwester arbeitete wie eine Wahnsinnige, um ihre Melancholie zu vertreiben. Am Abend war sie dann sehr müde. Als Theresia sie in diesem Zustand sah und nicht wußte, wie sie helfen solle (denn es war bereits die Zeit des großen Schweigens nach der Komplet), stellte sie sich an ihre Türschwelle, und als die Schwester vorbeikam, zeigte sie ihr ihr liebenswürdigstes Lächeln. Nach dem Tode Theresias sagte diese Schwester: „O, dieses Lächeln von Schwester Theresia! Mir schien, daß es mir über alle meine Kümmernisse hinweghalf!"[77]

Theresia war damit beauftragt, eine Statue des Jesuskindes im Kreuzgang zu schmücken. Der Gewohnheit des Karmel gemäß, ging man am 25. eines jeden Monats dorthin, um ein Lied zu singen. Theresia hatte Blumen hingestellt, und zwar künstliche Rosen. Eine alte, gute Schwester vertrug den Rosenduft nicht; allein der Anblick ließ sie schon fast ohnmächtig werden. Als die Gemeinschaft kam, um zu singen, blickt Theresia, die diese Schwester kannte, auf sie und sieht, daß ihr bereits schlecht wird. Das war eine günstige Gelegenheit, ein wenig zu lächeln und vielleicht sogar sie zu heilen! Aber nein! Theresia stürzt sich auf den Strauß, nimmt eine Rose, wendet sich der Schwester zu und sagt zu ihr: „Schauen Sie, meine Schwester, wie gut man heutzutage die Natur nachbildet ..." Dann stellt sie die Rose zurück. Offensichtlich hat sich die Schwester unmittelbar erholt.[78] Alle diese kleinen Aufmerksamkeiten zeigen ihre Liebe.

Im Karmel von Lisieux gab es eine andere etwas wunderliche Schwester; solche gibt es überall. Sie mußte für ihre Arbeit jemand haben, der ihr half, aber niemand konnte mit ihr zusammenarbeiten, weil sie die Art, wie die Dinge getan werden sollten, aufnötigte: So und nicht anders mußte man sich setzen, die Nadel halten und den ganzen Tag über eine Menge kleiner Vorschriften beachten. Sie reizte die anderen derart, daß alle vor ihr davonliefen. Eines Tages sah Theresia, daß dieser Schwester niemand half. Aus Liebe bittet sie die Priorin: „Meine Mutter, Schwester X. ist ohne Hilfe. Es wäre mir recht, wenn Sie mich zu ihr schicken würden; ich glaube, ich würde diese Arbeit gern tun." Die Priorin ergreift die günstige Gelegenheit beim Schopf und schickt Schwester Theresia, ihr einige Stunden am Tag zu helfen. Sie geht also zu ihr und setzt sich ganz liebenswürdig hin, hält die Nadel und verrichtet die Arbeit genau nach deren Vorschriften. Jedesmal, wenn sie einen Ärger gegen die andere Schwester verspürt, lächelt sie ihr wohlwollend zu.[79] Und das hält einige Monate an! Man muß ermessen, was das bedeutet.

Und hier, was man nach dem Tod von Schwester Theresia in der Gemeinschaft über sie sprach: Alle lobten sie. Und die Schwester, der sie geholfen hatte, erklärte: „O ja, Schwester Theresia war so freundlich, so gut, so liebenswürdig! Was mich betrifft, so empfinde ich ihr gegenüber keine Reue; denn die ganze Zeit, die sie bei mir war, habe ich sie sehr

glücklich gemacht!" Was für eine Liebe schließt das
in sich! Wenn Theresia auch nur ein einziges Mal ihre Erregung gezeigt hätte, hätte die Schwester diese
Bemerkung nie gemacht; aber sie zeigte ihr schön-
stes Lächeln! So gibt sie uns Beispiele ständiger Tugend, einer Vollkommenheit bis ins kleinste hinein,
einer Liebe in jedem Augenblick.

Wenn Theresia nicht in der Rekreation (gemeinsame Freizeit aller Schwestern) war, sagte man:
„Heute haben wir nichts zum Lachen, weil Schwester Theresia nicht da ist." Tatsächlich hatte sie die
Begabung, die anderen auf verschiedenste Weise
aufzuheitern, auch dadurch, daß sie Predigten
nachahmte. Sie brachte die Gemeinschaft durch
kurze, amüsante Geschichten, die man heute noch
erzählt, zum Lachen. Sie paßte sich allen an, auch
wenn sie gleichzeitig eine Intelligenz besaß, die ihre
Umgebung weit überragte.

Die Glaubensprüfung

Zuverlässigkeit bis hinein in kleinste Einzelheiten!
Und Gott fügt Läuterungen hinzu. Theresia hat die
Reinigung der Sinne und jene des Geistes schon vor
ihrem Eintritt in den Karmel gekannt. Gott hat ihren Glauben in der Erfahrung der Trockenheit vervollkommnet. Als sie daran gewöhnt war, die
Trockenheit zu ertragen, vollzog sich bei ihr unge-
fähr um das Weihnachtsfest 1895 so etwas wie ein
Fortschritt. Dem folgte die Versuchung gegen den

Glauben,[80] die sie mit einem immer dichter werdenden Nebel vergleicht; gleichzeitig ist sie erfaßt von einem Gefühl des Nichts, einer Art Stimme, die zu ihr sagt: „Nur zu! Nur zu! Es gibt darüber hinaus nichts, nur das Nichts." Sie betet zu den Heiligen, aber, wie sie sagt, „sie antworten mir nicht mehr", während die Heiligen des Himmels früher und selbst ihre kleinen Geschwister ihr die Gnaden gewährten, um die sie bat. Sie sagt: „Sie wollen sehen, wie weit meine Geduld reicht."[81] Und sie fügt hinzu: „Früher schaute ich mit Freude zum Himmel auf; jetzt ist er völlig verschlossen." Sie wagt kaum, diese Versuchung gegen den Glauben zu schildern; so groß ist ihre Angst zu lästern, wie sie sagt.

Um zu kämpfen, schrieb sie das *Credo* mit ihrem Blut nieder und trug es bei sich,[82] aber ihre Versuchungen gegen den Glauben bestanden dennoch fort. Bei ihrer Heiligkeit und ihrer Gotteserfahrung kann man nur vermuten, in welchem Ausmaß diese Versuchung sie schmerzte. Sie wird bis zu ihrem Tode dauern.

Der Tod aus Liebe

Theresia hat um den Tod Jesu am Kreuz gebeten, und sie hat ihn erlangt. Gewiß liest man bei Johannes vom Kreuz, daß der Tod des Gerechten, der Tod aus Liebe, die Seele ganz sanft hinwegnimmt. Diesen Tod hat sie nicht gehabt. Ich schaute mir eines Tages den Karmel von Lisieux zusammen mit Mutter Françoise-Thérèse an.[83] Als wir durch den alten Teil des Karmels gingen, sagte sie zu mir: „Das hier ist die Herz-Jesu-Statue, zu der Mutter Agnès am Nachmittag des 30. September (1897 — vor dem Tod Theresias) ging, um zu beten." Ich sagte: „Wie? Was ist das? Nie hat man davon gesprochen." Daraufhin erklärte sie: „Ja, am Nachmittag des 30. September war die Versuchung gegen den Glauben für Theresia derart verstärkt, daß sie in völlige Dunkelheit eingetaucht war. Einige Stunden vor ihrem Tod perlte Schweiß über ihre Stirn. Erregt lag sie in ihrem Bett und bat, sie mit Weihwasser zu besprengen. Sie sagte: ‚Wie sehr muß man für die Sterbenden beten.' Kurzum, sie befand sich offensichtlich beinahe in einem Zustand der Verzweiflung. Als Mutter Agnès in diesem Augenblick ihre Schwester in solchem Zustand sah, war sie völlig außer sich. Sie wußte genau, daß Theresia eine Heilige war, aber eine Heilige, die auf diese Weise stirbt, — das kam ihr doch viel eher wie der Tod eines Sünders vor. Deshalb ging sie, um vor der ihr so liebenswerten Herz-Jesu-Statue zu beten. Sie flehte: ‚O heiligstes Herz, ich bitte dich, laß meine kleine Schwester nicht in der Verzweiflung sterben!'" Diese kleine, aber so bezeichnende Begebenheit sagt uns ebensoviel wie die Ekstase ihres letzten Augenblicks.

Theresia hatte das übrigens vorausgesagt: „Wundert euch nicht! Es ist der Tod Jesu am Kreuz, den ich erbeten habe,"[84] jener Tod, bei dem Jesus sagte: „Vater, warum hast du mich verlassen?" So hatte sie folgerichtig bis zum letzten Augenblick zu leiden, und ihr letzter Akt der Liebe steigt in die Nacht empor, eine ganz dunkle Nacht, in der es die Versuchungen des Teufels gibt und wo es den Anschein hat, die ganze Hölle versammle sich um ihr Bett. In dieser Situation finden wir die authentische Theresia.

Das ist die Gnade, die Gott ihr im letzten Augenblick gibt, um ihre Liebe zu vollenden. Wir wissen gut, daß der letzte Akt der Liebe, den wir setzen, uns an die Dreifaltigkeit Gottes bindet und zugleich das Maß unserer Gottesschau im Himmel bestimmt. In diesem Augenblick erlaubt Gott auch das Eingreifen des Dämons, damit dieser Akt noch vollkommener wird und sozusagen noch mächtiger. Bei Theresia ist es der Blick der Liebe zusammen mit ihrem Wort: *,,Mein Gott, ich liebe dich!"*[85] Daraufhin stirbt sie.

Heiligkeit für unsere Zeit

Man muß die Lehre Theresias in ihrer Taufe erfassen. Noch einmal: Man kann von ihrem Weiheakt an die Erbarmende Liebe sprechen, von den kleinen Opfern, die sie beifügt. Das alles ist richtig, aber mir scheint, daß man, wenn man zu sehr die zweitrangigen Dinge hervorhebt, manchmal Gefahr läuft, das wahre Wesen ihrer Spiritualität ein wenig zu verfälschen und sie nicht in ihrem wahren Licht darzustellen.

Es gibt im Leben der heiligen Theresia eine sehr interessante Linie, nicht nur vom kontemplativen Gesichtspunkt aus, der uns anspornt, in Vereinigung mit Gott zu leben, sondern auch vom Gesichtspunkt der Standespflicht aus, die, wie sie sagt, wirklich unsere „göttliche Pflicht" ist. Wenn Gott eine Pflicht schwierig macht, schenkt er auch die Gnade (zu ihrer Bewältigung), weil ja er es ist, der das von uns fordert, während wir es sind, welche die außergewöhnlichen Abtötungen wollen. Es ist so, daß die Nächstenliebe mit einer bestimmten Art von Läuterungen verbunden ist. Warum die Nächstenliebe? Weil das die Tugend Gottes ist; Gott aber ist Liebe. Mir scheint, daß Theresias Leben eine Illustration von ausgesprochen praktischen Wahrheiten darstellt. Das gerade macht Theresia zur Heiligen der modernen Zeiten.

THERESIA VOM KINDE JESUS —
LEHRERIN DES
MYSTISCHEN LEBENS

Hinführung

Der Verfasser P. Maria-Eugen Grialou bietet im folgenden Vortrag eine echte Synthese: Theresia — eine authentische Tochter des Karmel — schenkt der universalen Kirche den ihr eigenen prophetischen Geist in der Form der geistlichen Kindschaft. Jeder Mensch kann sich dem mystischen Leben öffnen, das heißt einem Leben der Vereinigung mit Gott unter seiner Führung. Darin besteht der allgemeine Ruf zur Heiligkeit, wozu Theresia Grundideen aufzeigt und den Kleinen Weg weist.

Der Vortrag bildete den Schluß der ,,Theresianischen Tage", die vom Institut Catholique de Paris vom 10. bis 13. Juli 1947 zum fünfzigsten Todestag Theresias veranstaltet worden sind. Der Kongreß hatte zum Ziel, ,,das Wunder des mystischen Lebens der heiligen Theresia vom Kinde Jesus entdecken zu lassen". Der von P. Maria-Eugen gehaltene Vortrag zeigt bereits die Meisterschaft des Verfassers von ,,Ich will Gott schauen" (erste Auflage 1949—1951).

An einzelnen Stellen werden Erläuterungen zum Text vom Herausgeber in Klammern oder durch Einrücken des Textes angegeben.

Der kühne Titel (des Vortrags) will die Frage einer möglichen Ernennung der heiligen Theresia zur Kirchenlehrerin nicht aufwerfen. Das Anliegen besteht nur darin, eine Tatsache festzustellen und eine bei verschiedenen Gelegenheiten durch die Päpste vorgebrachte Wahrheit zu wiederholen. Das ist in ausdrücklicher Weise durch Papst Benedikt XV. in einer Ansprache zur Proklamation des heroischen Tugendgrades der Dienerin Gottes geschehen:

„Jüngerin eines Ordens, in dem der Ruhm der Lehrer sogar das Vorrecht des schwachen Geschlechts ist, wurde sie doch nicht durch viel Studium genährt. Nichtsdestoweniger besaß sie aus sich selbst so viel Wissen, daß sie auch anderen den wahren Weg des Heiles zeigen konnte."[1]

Unser Ziel ist es, entsprechende päpstliche Verlautbarungen zu sammeln und die Schlußfolgerungen der vorausgehenden Studien wie in einem Strauß zu binden. Dadurch kann die Bedeutung und die Tragweite der theresianischen Botschaft aufgezeigt werden. Um deren tiefen Gehalt zu erkennen, genügt es, ihre Verankerung in der Tradition zu erläutern; außerdem legen wir dar, mit welchen Ausdrücken und mit welch neuen Bildern sie die Werte der Tradition veranschaulicht: Vetera et Nova.[2]

I. VETERA: GRUNDLEGENDE WERTE

Tiefgreifende Studien haben die Inspiration durch das Evangelium und durch den Apostel Paulus in der Botschaft Theresias unterstrichen.[3] Man könnte sie in ihrer Echtheit nicht treffender aufzeigen und erkennen, als wenn wir sie als getreue Auslegerin des Denkens unseres Meisters Jesus Christus und seines ersten Theologen, des Apostels Paulus, entdecken. So hinreißend diese Studien auch sind, so scheinen sie uns die Frage nach den geistlichen Quellen, aus denen Theresia geschöpft hat, dennoch nicht in vollem Umfang zu erfassen. Mit den bereits erwähnten Worten stellt Papst Benedikt XV. auf diskrete Weise die Weichen für unsere Untersuchungen, wenn er von der Heiligen sagt: „Jüngerin eines Ordens, in dem der Ruhm der Lehrer sogar das Vorrecht des schwachen Geschlechts ist." Wenn wir die Frage nach den Quellen Theresias unter diesem Aspekt sehen, geben wir uns tatsächlich darüber Rechenschaft, wieviel sich Theresia in Verbindung mit ihrer karmelitanischen Berufung und Ausbildung von der christlichen Tradition genährt hat. So scheint es nicht übertrieben zu behaupten, sie sei vor allem, wenn auch nicht ausschließlich, durch die karmelitanische Überlieferung mit der Vergangenheit in Berührung gekommen.

Theresia war erst neun Jahre alt, als sie den Karmel in konkreter Weise durch ihre Schwester Pauline näher kennenlernte. Diese bereitete sich auf ihren baldigen Eintritt (Oktober 1881) vor. In den *Selbstbiographischen Schriften* schreibt Theresia:

,,*Ich werde mich immer wieder erinnern, meine geliebte Mutter, mit welcher Zärtlichkeit Sie mich trösteten ... Dann erklärten Sie mir das Leben im Karmel, das mich sehr schön dünkte. Als ich in meinem Geist alles, was Sie mir gesagt hatten, wieder durchging, schien mir, der Karmel sei die Wüste, wo der liebe Gott wollte, daß auch ich mich verberge ... Ich spürte dies mit solcher Gewalt, daß in meinem Herzen nicht der mindeste Zweifel war: es war nicht der Traum eines Kindes, das sich mitreißen läßt, sondern die Gewißheit eines Göttlichen Rufes. Ich wollte in den Karmel nicht um Paulines willen, sondern für Jesus allein ... Ich überdachte viele Dinge, die Worte nicht wiedergeben können, die aber einen tiefen Frieden in meiner Seele zurückließen.*"[4]

Von der Berufung konnte man sagen, sie sei eine harmonische Übereinstimmung zwischen Sein und Leben. Theresia hatte als Kind die im göttlichen Plan bereits im voraus gegebene Harmonie zwischen den Erfordernissen ihres Seins und den Entfaltungsmöglichkeiten, die ihr der Karmel bot, durch einen einfachen, intuitiven Blick erfaßt. Diese Art, zu den tiefen Wirklichkeiten vorzustoßen, sollte ihr zur Gewohnheit werden. Die Erkenntnis ihrer Berufung trug das göttliche Echtheitssiegel, denn sie fand darin bereits Friede, Sicherheit und Ausgeglichenheit und den festen Willen zu deren Verwirklichung.

Theresia erzählt ihr Geheimnis sofort der älteren Schwester, also Pauline. *„Da sie in meinen Wünschen den Willen des Himmels erblickt, sagte sie mir, ich würde bald mit ihr im Karmel die Mutter Priorin besuchen; und dieser sollte ich sagen, was der liebe Gott mich fühlen ließ …"*[5]

Das neunjährige Mädchen wird sofort von seiner künftigen geistlichen Familie adoptiert. Dennoch wird es bis zu seinem sechzehnten Lebensjahr warten müssen, um ins Kloster aufgenommen zu werden. Eine übernatürliche Zärtlichkeit sollte den Schmerz der Enttäuschung sofort lindern: die Priorin, ohne davon in Kenntnis gesetzt worden zu sein, bestätigt das geheime Verlangen des Kindes, im Karmel den Namen Theresia vom Kinde Jesus zu tragen.[6]

Die Berufung Theresias ist also fest. Ihre Beziehungen zum Karmel werden eng, doch sind sie nicht ausschließlich. Auch andere geistliche Einflüsse wirken auf sie ein. Durch Vermittlung ihrer Tante im Kloster der Heimsuchung ist der Geist von Franz von Sales und von Johanna von Chantal in die Familienatmosphäre in den Buissonnets eingedrungen und hat sie mit einer Liebe erfüllt, die Kraft und zartes Empfinden um sich verbreitet. Was die Lehrerinnen in der Benediktinerinnen-Abtei taten, scheint weniger Eindruck gemacht zu haben; doch hat Theresia deren Unterricht einer liturgisch ausgerichteten Spiritualität in sich aufgenommen. Sie ist gelehrig und dabei ganz offen für alle guten Unterweisungen und Einflüsse, woher sie auch kommen. Später wird sich auch bei ihr zeigen, was auf starke Geister zutrifft: In dem Maße, wie Theresia geistliches Gut und seine Werte aufnimmt, fügt sie sie in eine Synthese ein. Letztere bildet sich, ausgerichtet auf das Ziel, das schon unwiderruflich feststeht, nach und nach in ihrer Seele. Das wird in der Weihnachtsgnade von 1886 deutlich. Den psychologischen und geistlichen Einfluß des Ereignisses kann man nicht genug unterstreichen. An Theresia vollzieht sich eine Gnade der Bekehrung, eine Gnade der Befreiung, die sie „aus den Windeln und Unvollkommenheiten heraustreten läßt"[7] und ihr erlaubt, von jetzt an voranzuschreiten *„von Sieg zu Sieg; und ich begann, sozusagen wie ein Riese zu laufen"*[8]. Der kleine Schmetterling (so hatte Teresa von Avila gesagt), von der Puppenschale befreit, in deren Innerem sich die Umwandlung vollzog, kann jetzt frei auffliegen, den Höhen entgegen.[9] Im allgemeinen werfen solche Veränderungen einen Schleier über die zuvor gehegten Absichten. Die Berufung Theresias zum Karmel hingegen festigt sich nach der Weihnachtsgnade klarer und bereits gebieterisch in ihren Wünschen hinsichtlich der baldigen Durchführung. *„Ich hatte mir vorgenommen, (in den Karmel) zur selben Stunde einzutreten, da ich im Jahr zuvor ‚meine Gnade' (der Bekehrung) empfangen hatte."*[10]

Durch ihren entschlossenen Willen überträgt sich ihre Überzeugung auf ihre Umgebung, auf ihre

Schwester Céline, auf ihren Vater und auf ihren Onkel. Theresia unternimmt die künsten Schritte beim Bischof von Bayeux und selbst beim Heiligen Vater. Die Klugheit der Vorgesetzten erschrickt vor ihrem jugendlichen Alter, aber niemand äußert einen Zweifel an ihrer Berufung, nicht einmal der Superior. Er läßt seiner Laune freien Lauf, als er dem Mädchen von fünfzehn Jahren beim Eintritt die Klosterpforte öffnet.[11] Theresia schreibt:

„Endlich war mein Wunsch erfüllt. Meine Seele empfand einen süßen Frieden, daß ich unmöglich Worte dafür finden kann, und dieser innerste Friede ist nun seit siebeneinhalb Jahren mein Anteil geblieben; auch inmitten der schwersten Prüfungen ist er nicht von mir gewichen.

… Alles entzückte mich … oh! ich fand mich voll entschädigt für alle meine Prüfungen … Mit welch tiefer Freude wiederholte ich die Worte: ‚Nun bin ich hier für immer, für immer!‘ …"[12]

Man muß sich auf die Zusammenhänge besinnen, um die Eindrücke der jungen Postulantin zu verstehen und die Tragweite der Sprache dieser Ordensfrau zu ermessen, die schon beinahe am Ende ihres Lebens angekommen ist. Ihr Glück kommt nicht von inneren Tröstungen oder Verhätschelungen durch die Gemeinschaft. In ihrer Seele herrscht Trockenheit. Ihrer feinen Empfindsamkeit werden die kleinen Nadelstiche ebensowenig fehlen wie große Prüfungen. Was sie erlebt, entspricht den Bedürfnissen ihrer Seele und deckt einen Teil der Vorstellungen ab, von denen sie geträumt hatte. Er schließt als wesentliches Element ein genau eingeteiltes und stilles Leben ein, wobei eine Regel und eine strenge Disziplin alle äußeren Kleinigkeiten ordnen. Sie kommt in eine Umgebung, die vom Geist und der starken, lebendigen Lehre der Meister des Karmel durchdrungen ist; eine strenge Klausur schützt die Einsamkeit und schaltet alle gegensätzlichen Einflüsse aus. In diesem geschlossenen Kloster also wird Theresias Lehre zunächst im Verborgenen Gestalt annehmen, wird diese Lehre nach und nach ihre Formulierung finden, und von dort aus wird ihre erstaunliche Mission beginnen.

Eine Wahrheit drängt sich ebensosehr der Aufmerksamkeit des Theologen wie auch der des Geschichtskundigen auf. Sie muß hervorgehoben werden: Nachdem Theresia „bis in die Fingerspitzen hinein" Karmelitin geworden war, ist sie auch eine Heilige und eine Meisterin des geistlichen Lebens geworden. Indem sie den Aufstieg zum Berge Karmel in Liebe zurückgelegt hat, hat sie den Weg der geistlichen Kindschaft gefunden und seine klaren Umrisse festgehalten.[13]

Was hat der Karmel zu Theresias großer Sendung beigetragen? Geist, Lebensführung und eine geistliche Lehre: Geist des Elija, Lebensführung der Teresa von Avila, Lehre des Johannes vom Kreuz. Diese Einflüsse allzu streng voneinander zu trennen, hieße, die Wahrheit der logischen Klarheit zu opfern. Die Einteilung dürfte jedoch den Anteil eines jeden der Meister des Karmel an der Entwicklung von Theresia charakterisieren.

Der Geist des Elija

Ist es nicht gewagt, gerade Theresia vom Kinde Jesus als Nachkommen des Elijas, des rauhesten Propheten des Alten Testaments, zu bezeichnen — Elija, der in härenem Gewand[14] und mit flammendem Blick die Gerechtigkeit verteidigte,[15] Theresia dagegen, die modernste Heilige, die unablässig das Erbarmen Gottes verkündet? Sie lebte so unauffällig den Alltag, daß auch wir sie fast nicht erkannt hätten unter den Ordensfrauen, die sich hinter den Gittern unserer Klöster lächelnd, bescheiden und ein wenig geheimnisumwittert zeigen. Und doch kann uns nur diese Nähe zu Elija gewisse charakteristische Züge ihrer Seele erklären und uns das Geheimnis der Synthese ihrer Spiritualität aufzeigen.

Ein Orden schöpft die wesentlichen Züge seiner Tradition aus seinen lebendigen Quellen. Die äußeren Veränderungen oder Verwandlungen, welche die Jahrhunderte ihm auferlegen, sind für den lebendigen Kern das, was für das persönliche Dasein die aufeinanderfolgenden Entwicklungen und die der jeweiligen Altersstufe angepaßten Kleidungen bedeuten. Weit entfernt, seine grundlegende Einheit zu zerstören, bestätigen sie seine Fortdauer in gleichmäßigem Wachstum.

Elija ist der Vater des Karmel. Jahrhunderte karmelitanischen Lebens geben davon ein ständiges und unwiderrufliches Zeugnis. Die junge Karmelitin unseres Jahrhunderts ist demnach seine Tochter. Schauen wir, inwiefern!

Elija, das Urbild der Propheten im Alten Testament, ist ein Mann im wahrsten Sinne des Wortes. Er war von Gott ergriffen und aus seiner Familie und seinem Stamm durch einen gewaltigen und wahrscheinlich plötzlichen Zugriff gerissen. „Er erhob sich wie eine Flamme", sagt der biblische Text.[16] Elija lebt gewöhnlich in der Wüste. Eine Weisung Gottes hat ihn dorthin geführt,[17] oder richtiger gesagt: das Eingreifen Gottes hat ihn dorthin getrieben. Es hat in seiner Seele einen brennenden Durst nach Gott hinterlassen, außerdem ein gebieterisches Verlangen, sich für ihn verfügbar zu halten.

Elija ist ein Seher, der sich ständig in der Gegenwart des lebendigen Gottes aufhält. Sein Kriegsruf „Vivit Dominus ... in cujus conspectu sto" — „Es ist der lebendige Herr, in dessen Gegenwart ich stehe" drückt die ständige Haltung seiner Seele aus.[18] Er ist nicht zufällig ein Kontemplativer, sondern er ist es von innen heraus. Was ist Kontemplation eigentlich? Ist es nicht das ängstliche Suchen nach Gott und die beruhigende Entdeckung seiner Gegenwart? Die Macht des Propheten über die Elemente,[19] seine ruhige Kühnheit,[20] sein vertrauter Umgang mit Gott lassen uns die Eigenart seiner Kontemplation erraten, während uns seine Forderungen auf dem Horeb die Reinheit seines geistigen Scharfblicks enthüllen: Nachdem der Herr ihm seinen Vorübergang angekündigt hatte,[21] schenkt Elija den verschiedenen Naturerscheinungen auf dem Sinai keine Beachtung, weder dem felsenspaltenden Sturm noch dem Beben, das die Erde erschüttert, noch dem aufflammenden Feuer.[22] Er gibt sich nicht zufrieden, bis Gott ihm in einem leichten Windhauch[23] eine wesentliche Vision seiner selbst gegeben hat.[24]

Dieser Beschauliche ist von der Geschichte unter die aktiven Propheten eingereiht worden. Er wurde erwählt, um eine Sendung zu erfüllen. Als Vertreter Gottes bei seinem Volk trägt er die Verantwortung für Israel, eine schwere Last für ihn.

Nach der Erscheinung am Horeb fragt der Herr: „Was tust du, Elija?" Er antwortet: „Ich werde verzehrt vom Eifer für den Herrn, den Gott der Heerscharen, denn die Söhne Israels haben den Bund gebrochen; sie haben deine Altäre zerstört und deine Propheten niedergemetzelt."[25] Die Sünde Israels erdrückt die Seele des Propheten. Er begegnet der Reinheit und Gerechtigkeit Gottes, liefert den Israeliten einen Kampf und steigert dadurch seinen glühenden Eifer. Das Leiden ist tief und brennt schmerzlich. Das ist schon Getsemani, freilich ein Getsemani des Alten Bundes. Während er darauf wartet, daß sich das Feuer der göttlichen Gerechtigkeit in Racheflammen ausbreitet, verzehrt es den Propheten. Dieses innere Drama ermöglicht Israel, die ihm anvertraute Sendung fortzusetzen: seine

Sünde schürt einen Herd, dessen Flamme rein, schön und brennend zum Himmel aufsteigt wie die eines Versöhnungsopfers.

Als Mann Gottes und immer verfügungsbereit, verläßt der Prophet auf eine göttliche Weisung hin seine Einsamkeit. Er geht und kommt hierhin und dorthin, um eine Botschaft zu bringen, das Volk zusammenzurufen, einen König zu salben, einen Jünger auszuwählen. Dieser einsame Kontemplative ist mit dem Leben seines Volkes eng verbunden. Seine Handlungen sind die wichtigsten Ereignisse in der Geschichte Israels der damaligen Zeit.

Das also ist der Prophet Elija: Licht, Flamme, Tat — alles in einer Person! Sein Geist ist eine lebendige Wirklichkeit, die auf Elischa[26] übergeht. Jesus verkündet, daß sie in Johannes dem Täufer weiterlebt.[27] Auf dieses geistliche Vermächtnis erhebt die karmelitanische Tradition Anspruch. Sie sieht es als ihre Aufgabe an, es zu bewahren und weiterzugeben. Charakteristische Züge davon finden wir tatsächlich bei Theresia vom Kinde Jesus wieder. Auch sie ist von Gott ergriffen; mit welcher Frühreife und bis zu welchen Tiefen, haben die vorausgehenden Untersuchungen gezeigt.[28] Ihre Selbstbeherrschung und ihre ständige Zuverlässigkeit seit dem Alter von drei Jahren lassen sich nur durch das göttliche Eingreifen seit dem Erwachen der Vernunft erklären.

Wirkung und Zeugnis der Ergriffenheit ist das Verlangen nach Gott, das sich seit ihrem frühesten Alter noch nicht deutlich, aber doch stark kundtut, immer sichtbarer wird und zu einer innigen Vertrautheit heranreift, die sie mit Jesus vereint. Sie spricht von „schönen Tagen", an denen ihr Vater sie zum Fischen mitnahm, wie sie noch ganz klein war. Sie schreibt:

„Manchmal versuchte ich, mit meiner kleinen Angelrute zu fischen, aber lieber setzte ich mich für mich allein auf das blumige Gras, dann waren meine Gedanken recht tiefsinnig, und ohne zu wissen, was Betrachten heißt, tauchte ich meine Seele ein in wahres innerliches Gebet … Die Erde erschien mir als Ort der Verbannung, und ich erträumte den Himmel …"[29]

Der Blitz, der eines Tages in die benachbarte Wiese einschlägt, ruft in ihr nicht den geringsten Schrecken hervor, sondern macht auf sie den Eindruck, daß der liebe Gott ganz nahe bei ihr ist.[30] Das ist ein Gebet, das man mit Kontemplation bezeichnen muß.

Übrigens kann sie, wenn sie mit ihrer Cousine Marie zusammen ist, die Spiele nach ihrem Geschmack auswählen.

„Aus Marie und Theresia wurden zwei Einsiedler, die nichts besaßen als eine armselige Hütte … Ihr Leben verlief in immerwährender Beschauung, derart, daß der eine Einsiedler den anderen beim Gebet ablöste, wenn der sich mit dem tätigen Leben zu befassen hatte."[31]

Kindliche Neigungen, möchten wir sagen, wenn wir darüber nachdenken; doch sie erschließen uns die Tiefen des Unterbewußtseins und ermöglichen uns, dort ein Bedürfnis nach stiller Einsamkeit zu entdecken, das von einer dunklen göttlichen Gegenwart gefordert ist. Wir verstehen, daß dieses in seinem Innersten ergriffene Kind etwas ungeeignet schien für die Umgebung seiner kleinen Gefährtinnen in der Abtei, die ganz nach außen gewandt und empfindlich waren. Sie schreibt:

„Oft lehnte ich mich während der Pausen gegen einen Baum und schaute von dort aus dem ‚Blinzelspiel' zu, während ich mich ernsthaften Überlegungen hingab."[32]

Auch erzählt sie, daß sie sich an schulfreien Tagen häufig in einem leeren Zwischenraum ihres Zimmers — leicht abtrennbar mit dem Bettvorhang — verberge und daß sie dort „dachte"; sie ist in inneres Gebet versunken, in welchem der göttliche Meister ihr Herz in aller Stille belehrt.[33]

Johannes de Yépès (Johannes vom Kreuz) konnte sich offensichtlich als Heranwachsender trotz seiner manuellen Talente auch nicht an die Welt des Handwerks gewöhnen. Wegen der Armut seiner Mutter sollte er nämlich einen praktischen Beruf erlernen. Er fand sein inneres Gleichgewicht bei seinen langen Besuchen in der Kirche, wo er in Gottesdiensten ministrierte.

Wir wollen nicht übertreiben, aber auch nicht herunterspielen, was den Kindern Johannes de Yépès und Theresia Martin widerfahren ist. Berufung zur Stille und eine gewisse äußere Untüchtigkeit können einander zugeordnete Anzeichen für ein Ergriffensein von Gott sein und für ein schon starkes inneres Leben.

Die erste Kommunion Theresias wird die tiefe Vereinigung in eine vollkommene „Einswerdung"[34] umformen, bis schließlich die Weihnachtsgnade, welche die Seele Theresias innerlich ganz umwandelt, die ihr eigene Gnade hervortreten läßt und deren Verlangen an den Tag bringt.

Bevor Theresia im Karmel die ersehnte Wüste[35] findet, ist ihr eine übernatürliche Gunstbezeugung zuteil geworden, die in ihr die von Elija gelebte Synthese verwirklicht hat.

„Als ich eines Sonntags ein Bild unseres Herrn am Kreuz betrachtete, ward ich betroffen vom Blute, das aus einer seiner Göttlichen Hände floß. Ich empfand tiefen Schmerz beim Gedanken, daß dieses Blut zur Erde fiel, ohne daß jemand dazueilte, es aufzufangen. Ich beschloß, im Geiste meinen Standort am Fuße des Kreuzes zu nehmen, um den ihm entfließenden Göttlichen Tau aufzufangen, und begriff, daß ich ihn nachher über die Seelen ausgießen müsse ... Der Schrei Jesu am Kreuz widerhallte ununterbrochen in meiner Seele: ‚Mich dürstet!' Diese Worte entfachten in mir ein unbekanntes, heftiges Feuer ... Ich wollte meinem Viel-Geliebten zu trinken geben und fühlte mich selbst vom Durst nach Seelen verzehrt ... noch waren es nicht Priesterseelen, zu denen es mich hinzog, son-

dern die der großen Sünder; ich brannte vor Verlangen, sie den ewigen Flammen zu entreißen."[36]

Das war der Augenblick, in dem in Theresia ein brennender Eifer erwacht ist. Er ließ sie den engen Kreis, in dem sie bisher gelebt hatte, überschreiten.[37] Sie trägt hinfort die Last der Seelen: ihr Heil und ihre Heiligung werden das vorherrschende Interesse ihres Lebens, der Beweggrund, den sie bei ihrem Eintritt in den Karmel feierlich ausspricht. Sie schreibt:

,,Was ich im Karmel tun wollte, erklärte ich zu Füßen Jesu in der Opfergestalt der Hostie bei der Prüfung, die der Profeß vorausging: ,Ich bin gekommen, um die Seelen zu retten und besonders um für die Priester zu beten.' "[38]

Von da an entwickeln sich Kontemplation und Apostolatseifer im gleichen Rhythmus; sie stützen sich gegenseitig und finden in der gegenseitigen Hilfe eine erstaunliche Kraft für ihre Entfaltung. Wir brauchen hier die Etappen ihres Fortschritts nicht aufzuzeigen; es soll uns genügen, den Höhepunkt davon anzudeuten.

Theresias Kontemplation führt zur Entdeckung der Erbarmenden Liebe, deren göttliche Ausstrahlungen von den Menschen zurückgewiesen werden, und zur Weihe an die göttliche Liebe. In der Weihe finden zwei Anliegen ihren Ausdruck: Theresia will das Herz des gütigen Gottes, das der Liebe bedarf, erleichtern, und sie will der göttlichen Liebe ermöglichen, durch sie in die Welt einzudringen. Das

Feuer der göttlichen Liebe verwundet tatsächlich Theresias Seele und macht sie künftig zu seinem Opfer.[39]

Auf diesem Höhepunkt ihres geistlichen Lebens erinnert uns Theresia wiederum an Elija, der auf dem Horeb vom Eifer für den Herrn, den Gott der Heerscharen,[40] verzehrt ist, und an Teresa von Avila, die im Chor ihres Klosters voll Liebe „über die Verwundungen seufzt", welche die Unwissenheit der heidnischen Völkerschaften und die Bosheit der Häretiker der Liebe ihres Gottes antun.[41]

Diese Feuer, die in der Nacht aufleuchten, gleichen sich in seltsamer Weise. Es ist wahr: die Gerechtigkeit ist es, die Elija verbrennt; die Liebe ist es, welche Teresa von Jesus verzehrt; das Erbarmen ist es, das Theresia vom Kinde Jesus als Opfer erwählt hat. Es ist wahr: die Flamme, die gegenwärtig aufscheint, zeigt verschiedene Reflexe, den aufeinanderfolgenden Epochen entsprechend; aber die Opferhaltung ist die gleiche; es ist der gleiche Heilige Geist, der sie ergriffen hat; es ist das gleiche Brandopfer, das sich durch sie auf den Gipfeln des Karmel verewigt.

Wie Elija, so hat auch Theresia eine Mission, die nach außen wirkt, freilich erst nach ihrem Tod. Ihre erstaunlich wirksame Durchschlagskraft, von den Ketten des Todes befreit, die sie während ihres Lebens zur Untätigkeit verurteilten, macht aus ihr eine der großen Anführerinnen unserer Zeit. Die Titel einer Lehrerin des geistlichen Lebens, einer

Patronin der Missionen und einer Patronin Frankreichs bedeuten mehr als die Bitten um ihre Fürsprache; sie sind ein offizieller Dank für geleistete Dienste und für eine Sendung, die dabei ist, sich zu verwirklichen. Als authentische Tochter Elijas hat die Karmelitin von Lisieux eine ganzheitliche prophetische Sendung. Die äußere Sendung, die wir nur andeuten können, bringt das Gespräch auf Teresa von Avila und führt dazu, den Einfluß der Reformatorin des Karmel auf die berühmteste ihrer Töchter zu untersuchen.

Die Lebensordnung der Teresa von Avila

In den Erinnerungen an die früheste Kindheit hält Theresia fest, daß sich ihr Vater, wenn in der Predigt von Teresa von Avila gesprochen wurde, zu ihr herabneigte und ganz leise sagte: „Hör gut zu, kleine Königin, man spricht von deiner heiligen Patronin!"[42] Später las sie das Leben der Großen Teresa nach den Bollandisten.[43] Im Karmel wurden im Speisesaal die Briefe von Teresa gelesen. Mutter Agnès bezeugt in ihrer Prozeßaussage, daß ihre Schwester sich darauf verlegt hatte, die Werke von Teresa von Avila und Johannes vom Kreuz sowie die Heilige Schrift zu studieren.[44] Das Bild von Teresa hatte sie in ihrem Stundenbuch, und unter den persönlichen Aufzeichnungen befand sich ein Blatt mit drei Texten, nämlich über die großen Wünsche, über den Eifer und die Demut; außerdem stand darauf das bekannte Wort: „Nichts soll dich ängstigen!"[45] In den *Selbstbiographischen Schriften* stehen einige Zitate oder besser gesagt Erinnerungen an die Schriften der Reformatorin.[46]

Auf Grund von beglaubigten Zeugnissen und Dokumenten dürfen wir daran zweifeln, daß Theresia vom Kinde Jesus die Werke von Teresa von Avila[47] vollständig gelesen hat; auch ist zu bezweifeln, daß sie sich mit jenem Eifer darauf eingelassen hat, den sie für die Schriften von Johannes vom Kreuz aufgebracht hat. Ist es nicht gar zu oberflächlich zu behaupten, das schriftlich festgehaltene Gedankengut der Reformatorin habe deshalb weniger Einfluß auf das geistliche Leben von Theresia gehabt als die Abhandlungen des Lehrers des reformierten Karmel? Manche Leute sind in ihren Behauptungen noch weiter gegangen. Sie unterstrichen die Verschiedenheit von Mutter und Tochter und steigerten sie bis zu Gegensätzlichkeiten, die Streitereien rechtfertigen würden. Sicher, Unterschiede bestehen, aber sie gewinnen nur dann große Bedeutung, wenn man sie mit den Augen eines gewissen religiösen Formalismus oder mit einer großen Vorliebe für Althergebrachtes betrachtet, die sich mehr an die Form als an das Leben klammert, mehr an den Buchstaben als an den Geist. Was die Meinungsverschiedenheiten angeht, muß man sich fragen, ob sie nicht nur bei den Menschen bestehen, die der Ansicht sind, die siegreichen Gnaden der Tochter erregten Mißtrauen bei den glänzenden und genialen Gaben der Mutter. Sie übertragen offensichtlich Rivalitäten der Eifersucht, die auf dem Feld menschlicher Schwäche ziemlich allgemein sind, auf die geistliche Ebene. Theresa ist wahrhaftig das leuchtendste Kleinod in der Krone von Teresa, der Mutter des reformierten Karmel, weil sie die Größte ihrer schöpferischen Kraft ist.

Wenn man nur in den Schriften und auf rein intellektueller Ebene nach dem Einfluß von Teresa von Avila auf Theresia von Lisieux sucht, unterliegt man einem Irrtum in der Sicht der Dinge, besonders da wir die Reformatorin des Karmel allein durch ihre Schriften kennen. Das hieße vergessen, daß Teresa vor allem Mutter ist. Sie schrieb nur, um eine besondere Aufgabe im Rahmen ihres Mutterseins zu erfüllen. Die wesentliche Aufgabe einer Mutter besteht doch darin, zur Hervorbringung und zur Entfaltung des Lebens beizutragen. Ihr Einfluß ist also in den tiefen Bereichen des menschlichen Lebens zu suchen, dort, wo sich innere Verhaltensweisen entwickeln, und dort, wo sich die natürliche Art des Seins und des Handelns bildet. Es scheint uns nicht fehl am Platz zu sein, diese Wahrheiten auf geistliche Ebene zu übertragen und sie im rechten Maß auf die geistliche Mutterschaft von Teresa von Avila anzuwenden, um ihren Einfluß auf den reformierten Karmel und besonders auf Theresia von Lisieux zu verdeutlichen.

Nachdem Teresa von Avila ihre Berufung erkannt hatte, mit der sie in der Nachkommenschaft der Eremiten vom Berge Karmel stand,[48] wurde diese

Berufung für ihr ganzes Leben bestimmend. Dann hat sie den Geist des Elijas, den sie in seiner ursprünglichen Reinheit erkannt hat, in ihrer Seele zu neuem Leben erweckt, indem sie ihn in einer den Bedürfnissen ihrer Zeit genial angepaßten Lebensform Gestalt werden ließ. In den Klöstern Teresas lebt der Geist der Kontemplation und der Eifer eines Elija in all seiner Kraft und Fülle, weil sie alles so eingerichtet hat, daß sich dieser Geist vollkommen entfalten konnte.

Teresa hat alles so geplant und bis in die kleinsten Einzelheiten organisiert, daß die schweigende Vertrautheit mit Gott begünstigt wird: Wahl des Ortes und der Umgebung, niedrige Gebäude und große Gärten mit Einsiedeleien, strenge Klausur, Gitter und dichte Vorhänge, Einzelzellen sowie die Art und Weise, die Erholung zu gestalten. Alles trägt dazu bei, die Seelen in einer großartigen menschlichen Ausgeglichenheit zu den Gipfeln der Einigung mit Gott gelangen zu lassen und die Klöster zu einem Paradies Jesu auf dieser Erde zu machen. Wir kennen schon die tiefe Freude von Theresia, die sie bei ihrer ersten Begegnung mit dem durch Teresa von Avila gestalteten Leben empfand. Sie läßt sich von dieser Lebensordnung völlig einnehmen, da diese ihrem Verlangen nach Heiligkeit sowie ihrem Durst nach Seelen durch und durch entspricht. Sie tritt mit Eifer in das geregelte Leben ein, dessen Einzelheiten durchwegs von den starken Gedanken der Mutter Teresa gezeichnet sind; sie ist treu bis hin zu

Skrupeln in bezug auf die kleinsten Vorschriften der Regel und der Gebräuche. Ist das Formalismus, der den Geist tötet? Ein automatisches Tun, welches das Leben blutleer macht? Wer würde wagen, das zu behaupten? Gewiß muß man den Buchstaben und den Geist voneinander zu unterscheiden wissen; man muß aber auch darüber wachen, sie nicht voneinander zu trennen; sie müssen hier auf Erden zusammen unterwegs sein wie die Seele und der Leib, die sich aneinander anpassen müssen und sich in einer Ausbildung, die vollständig sein will, nicht voneinander trennen dürfen.

Dank der liebenden und schweigende Treue zu allen Details der Ordensregel empfängt Theresia das Licht und die Gnade, die in jeder Vorschrift enthalten sind. Sie läßt sich führen und läßt sich auf dem Weg der Liebe, den diese Vorschriften vorzeichnen, zu den Gipfeln tragen, zu denen sie führen. Und wenn die scharfsinnigste Analyse der Schriften von Teresa von Avila nur Schüler hervorbringen kann, dann verwirklicht Theresia von Lisieux durch diese bescheidenen karmelitanischen Verhaltensweisen den Gedanken der heiligen Mutter, dringt in deren Seele ein und wird wahrhaft ihre Tochter.

Diesen mütterlichen Einfluß festzustellen, ist um so schwieriger, je vielschichtiger und tiefer er ist. Er zeigt sich mehr in der Gesamtheit des Lebens als in den Einzelzügen; viel mehr noch in der Art zu denken und zu handeln, als in den Gedanken und Taten selbst. Versuchen wir dennoch, ihn in einigen besonderen Punkten zu erfassen!

Teresa von Avila hat den Rahmen, der die Einsamkeit ihrer Klöster schützt, klar abgesteckt; sie hat mit so fester Hand die Linie der täglichen Regeltreue ausgezogen, daß man ihre Reform als eine der strengsten der Kirche beurteilt hat. Und doch hat diese große Frau — ein scheinbarer Widerspruch — ein gebieterisches Verlangen nach Freiheit. Die Freiheit nimmt sie für sich und ihre Töchter in Anspruch und schützt sie gegen alle Zwänge und gegen die allzu engen menschlichen Festlegungen, welche das Wirken Gottes beeinträchtigen und die Entfaltung der Liebe einengen könnten. Sie schreibt, welcher Schauer sie beim Lesen der kleinlichen Bestimmungen erfaßt, die ein allzu eifriger Karmelitenpater einem Kloster für die Kommuniontage auferlegt hatte. Was wäre, fügt sie hinzu, wenn sie diese hätten befolgen müssen? Teresas Regel auferlegt keinen Zwang; Einschränkungen dienen ausschließlich dazu, die Liebe zu bestärken und um zu befreien. Auf diese Weise entsteht eine „heitere Strenge", und hinter den Gittern, die sie errichtet hat, herrscht die Freiheit der Herzen. Nur durch wiederholte Kontakte mit Klöstern kann diese charakteristische Eigenart des teresianischen Werkes voll erkannt werden. Doch auch ihre Lehre über das innere Beten ermöglicht, sie zu finden.

Tatsächlich zeigen ihre Lehren über das Gebet der aktiven Sammlung,[49] wie eine Disziplin, die in ihren Forderungen und Weisungen fest und bestimmt ist, das Feld für die verschiedensten Äußerungen der Liebe frei läßt, damit sie sich in jedem Klima entfalten kann.

Von der teresianischen Freiheit hat Theresia vom Kinde Jesus zunächst für sich selbst profitiert. Wie dem während der ersten Jahre ihres Ordenslebens auch sei, als sich in ihrer Seele ihre eigene Lehre herauskristallisiert und sie ihren Vorgesetzen von diesen inneren Vorgängen nichts anvertrauen kann; wie dem auch später sei, als sie ihre persönlichen Gedanken äußern und anderen mitteilen kann: niemals ist sie beunruhigt; solche Neuheiten bringen ihre Schwestern, die Karmelitinnen, nicht durcheinander, die doch, wie man so sagt, spezialisiert sind in geistlichen Dingen. Teresa von Avila hat Freiheit für die Seelen gefordert unter der Voraussetzung, daß sie demütig sind. Theresia ist demütig, und in dieser teresianischen Umgebung ist ihr alle Freiheit gewährt, damit sie auf ihren Wegen vorangehen kann. Mutter Marie de Gonzague, die man autoritär nennt, hat von der jungen Ordensfrau[50] eine hohe Meinung. Sie wird ihr das Noviziat anvertrauen und darauf warten, daß sie sich später in ihre Schule begibt.

Die wohltuende Atmosphäre von Freiheit, die Theresia im Kloster vorgefunden hat, ist in ihre Lehre eingeflossen. Man findet sie in ihrer Lehre tatsächlich in einem so hohen Maß, daß mancher davon überrascht ist und sogar meint, irregeführt zu sein.[51]

Die geistliche Kindschaft entzieht sich nicht jeder Definition, doch jeder Festlegung durch Regeln. Sie ist keine Methode und noch viel weniger eine Frömmelei. Sie ist an keine besondere Übung gebunden und auch nicht an eine äußere Haltung oder Ausdrucksweise. Sie paßt sich jeder Umgebung und jeder Situation an. Sie ist zugleich mehr und auch weniger als all das Genannte: sie ist die Verwirklichung einer Haltung der Seele, sie „besteht in einer Verfassung des Herzens, die uns demütig macht und klein in den Armen Gottes, unserer Schwachheit bewußt und bis zur Kühnheit vertrauend auf seine Vatergüte"[52]. Sie stellt keine anderen Forderungen an die Seele — doch diese sind unerläßlich und absolut — als die der Demut und des Vertrauens, die die Seele umformen sollen.

Offensichtlich ist es das gleiche Klima konsequenter Treue und Freiheit, welches die beiden Teresen fordern und auch zur Entfaltung der Seelen unter den Strahlen der göttlichen Liebessonne schaffen. Das scheinen günstige Bedingungen zu sein. Sie haben umfassende praktische Konsequenzen. Sie sind beladen mit den Unberechenbarkeiten, die die Atmosphäre eines Lebens und seiner Umgebung bestimmen. Leichter ist vielleicht, die gemeinsame Sendung, welche die beiden Frauen in der Kirche erfüllen, von den äußeren Bedingungen aus gesehen zu betrachten.

Nachdem Teresa das Josephskloster in Avila gegründet hatte, um ihren Bedürfnissen nach vertrautem Umgang mit dem Herrn Genüge zu tun, dehnt sie ihre Reform nur dann aus,[53] wenn es gilt, Antwort zu geben auf die leidenschaftliche Sehnsucht nach Liebe, die Gott in ihre Seele hineingelegt hat. Die Nachrichten über die Verheerungen durch die Lutheraner in Frankreich und die Berichte des Franziskaners Maldonado über die Unwissenheit, welche den Verlust von Millionen Heiden in Westindien verursacht, steigern ihre Sehnsucht; sie vergießt reichlich Tränen und bittet den Herrn mit lautem Rufen, ihr das Mittel zu verschaffen, mit dem sie ein wenig arbeiten könne, um einige Seelen zu gewinnen.[54]

Von da an scheint es, sie habe die Kirche als Last auf sich genommen, um deren Wunden zu verbinden und deren Verlangen nach Ausdehnung nachzukommen. In den von ihr gegründeten Klöstern gibt sie ihren Töchtern ihre brennende und schmerzliche Sorge weiter:

,,*Für dieses Werk hat Gott euch hier vereinigt. Das ist eure Berufung, das sind eure Aufgaben. So muß der Gegenstand eurer Wünsche aussehen, der Gegenstand eurer Tränen, das Ziel eurer Gebete.*''[55]

Die ,,Geschäfte'', die ihnen in Zukunft anvertraut sind, bestehen in der notwendigen geistlichen Unterstützung der Verteidiger des Glaubens und der Verkündiger des Evangeliums, damit diese ihre Mission wirksam erfüllen können. Teresias Sorge um die im Apostolat Tätigen ist durch und durch mütterlich. Wie jubelt sie innerlich, wenn sie dabei auf einen stößt, der durch seine natürlichen und übernatürlichen Gaben in besonderer Weise „würdig ist, einer unserer Freunde zu werden", wie sie zu Christus sagt. Ihre geistlichen Berater Balthasar Alvarez, Garcia de Toledo, Banez und andere werden ihre geistlichen Söhne, wobei sie doch ihre Führer bleiben. Unter den „großen Dingen", die Gott ihr angekündigt hatte,[56] scheint ihr das größte die Ausbreitung ihrer Reform auf die Ordensmänner, die Unbeschuhten Karmeliten, zu sein. Sie sollen den Wirkungskreis ihres Eifers erweitern und durch die Macht eigener Worte und Schriften festigen. Unter ihnen wird sie treue Erben ihres Denkens finden. Sie entdecken darin die ganze Weite ihres eigenen Wirkens und werden so die aktivsten Förderer der missionarischen Bewegung zu Beginn des 17. Jahrhunderts.

Das also ist der Eifer der Teresa von Jesus, das ihre Liebe zur Kirche, die all ihre Energien ergriffen hat. Die Erinnerung daran genügt, um das Gesicht der Sterbenden in geradezu himmlischer Freude erstrahlen zu lassen.[57]

Das Kloster in Lisieux hatte das wertvolle Erbe der Reformatorin übernommen. Das apostolische Streben, welches Theresia bei ihrem Eintritt mitbrachte, fand für ihre Entfaltung ein besonders günstiges Klima. Die Heiligung der Priester wird ihr liebstes Gebetsanliegen sein. Sie wird ihre Novizinnen auch dazu anhalten, um deren Eifer anzuspornen. Ihre letzte Kommunion wird sie für den unglücklichen Pater Hyazinth aufopfern, dessen Abfall die Kirche und seine Ordensgemeinschaft mit Traurigkeit erfüllte.[58]

Dem Karmel von Lisieux fiel die ehrenvolle Aufgabe zu, das erste Missionskloster in Südostasien, in Saigon, zu gründen. Man kümmerte sich liebevoll und tatkräftig um das ferne Kloster und interessierte sich für alle seine Vorhaben, vor allem seine Gründungen. Kurz, man lebte in Lisieux in einem durch und durch missionarischen Klima. Man dachte daran, Theresia ins Kloster nach Hanoi zu schicken; es war eine Neugründung. Auch wenn dieser Plan nicht verwirklicht worden ist, so trug er doch wenigstens dazu bei, ihre Gedanken und ihre Liebe unmittelbar diesem Apostolat zuzuwenden. Hüten wir uns davor, die Entfaltung des apostolischen Eifers von Theresia nur dem Einfluß ihrer Umgebung zuzuschreiben! Ihr Eifer entsprang viel tieferen Quellen. Über den Tag, an dem ihr die Priorin einen künftigen Missionar als geistlichen Bruder zuteilt, empfindet sie, wie sie sagt, eine Freude, die *„ich kindlich nennen möchte, denn ich muß in die Tage meiner Kindheit zurückgehen, um die Erinnerung an so lebhafte Freuden zu finden, daß die Seele zu klein ist, um sie zu fassen; seit Jahren hatte ich kein derartiges Glück mehr verkostet. Ich fühlte, in diesem Bereich war meine Seele neu; es war, als hätte man zum erstenmal bisher vergessene Saiten berührt.*"[59]

So wie einst Teresa von Jesus durch den Bericht von

110

Pater Maldonado erkannt hatte, welches Feuer der Sehnsucht sie verzehrte, so enthüllt dieses kleine Ereignis Theresia vom Kinde Jesus, welche Saiten Gott in ihrem Herzen anklingen ließ, um sie zur Patronin der Missionen zu machen.

Zwei Fälle, die uns zeigen, in welchen Tiefen des göttlichen Lebens sich die Ähnlichkeit dieser beiden großen Frauen bestätigt und sich die Bande der geistlichen Kindschaft knüpfen. Weil Theresia von Lisieux die brennende und erobernde Liebe von Teresa von Avila mitbekommen hat, wird sie wie diese Lehrerin des geistlichen Lebens und Missionarin im großen Stil; deshalb tritt sie in die leuchtende Spur ihrer Sendung ein; deshalb setzt sie die Fruchtbarkeit fort, indem sie diese ausbreitet, so wie eine Tochter die Fruchtbarkeit ihrer Mutter fortsetzt.

Die Lehre des Johannes vom Kreuz

Theresia schreibt, daß sie in einem entscheidenden Abschnitt ihres Lebens bei Johannes vom Kreuz Hilfe gefunden hat:

„Oh! wieviele Erleuchtungen habe ich aus den Schriften Unseres Vaters, des heiligen Johannes vom Kreuz, geschöpft! … Im Alter von 17 und 18 Jahren bildeten sie meine einzige geistliche Nahrung."[60]

Niemand hat die Bedeutung dieses Zeugnisses erkannt. Ein entscheidendes Element hat gefehlt, um das geistliche Fortschreiten von Theresia feststellen und die innere Struktur ihrer Lehre entdecken zu können. Der Einfluß von Johannes vom Kreuz tritt nur dann in seiner ganzen Tragweite zutage, wenn man ihn in den theresianischen Rahmen einordnet, in dem er sich auswirkt.

Als Teresa im Jahre 1571 durch den Apostolischen Visitator zur Priorin des Menschwerdungsklosters ernannt worden war, das sie neun Jahre zuvor verlassen hatte, um ihre Reform zu unternehmen, bat sie nach einigen Monaten Johannes vom Kreuz, sie in ihrer Aufgabe zu unterstützen. Er wurde ihr zugeteilt, und er ließ sich in der näheren Umgebung des Klosters als Beichtvater und Seelenführer der Ordensfrauen nieder. Aus Demut hatte Teresa um Johannes gebeten, eine Demut, die der Wirklichkeit und damit der Wahrheit entsprach: tatsächlich war der Dienst des Paters Johannes vom Kreuz für die Erneuerung des Klosters notwendig. Im göttlichen Plan handelte es sich noch um weit mehr als nur darum. Gott wollte die beiden Heiligen in voller geistlicher Reife einander nahebringen, sie in täglichen Beziehungen während fast drei Jahren miteinander verbinden, damit sie ihre sich ergänzenden Erfahrungen austauschen und sich so gegenseitig helfen konnten, die letzten Stufen zu den Gipfeln[61] zu überschreiten, ihre Unterweisung in Übereinstimmung zu bringen und die karmelitanische Lehre zu einem Ganzen zu vereinen.[62]

Der Reichtum der Synthese, die sie erarbeiteten, ist in gleicher Weise von der Verschiedenheit ihrer Genies wie von der Erhabenheit ihrer gemeinsamen

Gnade gewirkt. Teresa ist die Mutter, Johannes vom Kreuz ist der Lehrer. Nachdem Teresa ihr Leben verwirklicht und überdacht hat, spricht sie ihre Erfahrung aus, beschreibt die Wege, denen sie folgten, die Gegenden, die sie durchwanderten, und sie gibt gemäß den Erfordernissen die entsprechenden Ratschläge. Johannes vom Kreuz erscheint unpersönlich, er gestaltet und strukturiert die mystische Wissenschaft; er abstrahiert, um zu erklären und alles an wirkungsvolle Grundsätze zu binden. Diese gleichen Leuchttürmen, die ihre Strahlen in Bündeln auf den Weg werfen, auf einen Weg, dem bis ins Unendliche zu folgen ist, bis zu Gott, den man erreichen muß.

Der Aufstieg zu den Gipfeln ist unter zwei verschiedenen Winkeln durch zwei unterschiedliche Lichtquellen, die aber aufeinander zugeordnet sind, beleuchtet. Geben wir dem leichten Spiel nicht nach, sie in Gegensatz zueinander zu bringen! Man kann die beiden Arten der Unterweisung auch nicht ohne negative Folgen voneinander trennen. Sie ergänzen und erklären sich gegenseitig; ihre eigentlichen Werte und ihre Fruchtbarkeit treten erst bei dem Ineinanderfließen der beiden Lichtbündel in Erscheinung. Würde man das lebendige Band, das Gott zwischen Teresa von Avila und Johannes vom Kreuz geknüpft hat, nicht erkennen, so hieße das, daß uns ein wichtiges Element ihres Seins und ihrer Lehre entgangen ist und daß die Interpretation des einen, welche den anderen Teil ausschließen würde, suspekt erscheinen müßte. Die Einheit läßt freilich jedem die ihm eigene Verschiedenheit vom andern, so daß man den einen dem andern vorziehen kann. So erging es auch Theresia. Sie empfand mehr Sympathie für die Schriften des Lehrers und zog sie häufiger zu Rate als die der Mutter. Teresa und Johannes unterscheiden sich nicht nur durch ihre Art der Darlegung, sondern auch durch ihre geistliche Erfahrung. Teresa macht vor allem Liebeserfahrungen und beschreibt sie als köstliche Gunsterweise. Johannes vom Kreuz dagegen besteht auf der nackten und oft schmerzlichen Erfahrung des göttlichen Lichts, das die Schwachheit unseres Blickes blendet. Wichtiger als die Reformatorin war für Theresia die Unterweisung durch Johannes vom Kreuz. Seine Erfahrung braucht sie, um in ihrer Erfahrung beruhigt zu werden, und seine so glänzenden grundsätzlichen Erkentnnisse benötigt sie als Licht auf dem Weg durch unbekannte Gegenden. Beachten wir, daß Theresia die Schriften des mystischen Lehrers im Alter von siebzehn und achtzehn Jahren beharrlich benutzt, in den Jahren 1890 und 1891, die für ihre geistliche Entwicklung sowohl leidvoll als auch entscheidend sind. Der Geist Gottes, der in ihr wirkt, hat alle weiteren Möglichkeiten des Einflusses auf ihre Seele unterbunden, um dort allein zu arbeiten. Er hüllt sie in Dunkelheit und in eine Angst, über die sie nichts sagen kann, in das scheinbare Chaos, in dem sich beglückende Befruchtungen vollziehen und wo der Geist Gottes in der Tiefe wirkt und solide Fundamente für die Lehre von der geistlichen Kindschaft legt. Er verankert ihre Grundideen im Innersten der Seele, so daß daraus später klare und tragende Formulierungen hervorgehen werden. Der „Lehrer der Nacht" ist der einzige Führer der jungen Karmelitin, der einzige Mitarbeiter, den Gott selbst in dieser Periode innerer Gärung und leidvollen Werdens zuläßt. Sie endet mit den Exerzitien (1891) von P. Alexis.

Was findet Theresia in den Schriften von Johannes vom Kreuz? Ein Klima, das ganz jenem entspricht, in dem sie lebt. Es erweckt in ihr in ihrer peinigenden Einsamkeit den Eindruck, die Heimat ihrer Väter, der Eremiten im Gebirge, wiedergefunden zu haben; eine Lehre, die ihre Nacht so sehr erhellt, daß sie sich dort aufhalten kann, ohne daß die Finsternisse verschwinden. Die Lehre gibt Antwort auf ihre Ansprüche auf Absolutes, bekräftigt ihre Erleuchtungen über die Notwendigkeit der Läuterung des Glaubens in Finsternis und in nichtssagender Ruhe, über die Vervollkommnung der Hoffnung im Verzicht auf alle Dinge und über völlige Armut. Sie erklärt sehr deutlich ihre Überzeugung von der Existenz dessen, was über die Finsternis und die Armut hinausgeht, und ihre Überzeugung von einem unermeßlichen Ozean der Liebe, der im Dunkel über ihre Seele hinwegbrandet.

Die junge Karmelitin erfährt den Zugriff dieses machtvollen Denkens, dieser strengen und liebevollen Logik und dieser erhabenen Beschreibungen,[63] die genau das ausdrücken, was sie fühlt; sie erfährt das Ergriffenwerden von dem harmonischen Ausdruck der Worte und von der kühnen Poesie der Symbole, die dieses „Ich-weiß-nicht-Was" von Unaussprechlichem in der Seele durch göttliche Berührung zurückgelassen hat. Sie wird gestärkt durch die intensiven Texte, wird gesammelt und läßt sich in Regionen führen, wo sich Kontakte erneuern. So fest und so tief hat sie sich die Texte von Johannes vom Kreuz zu eigen gemacht, daß sie sie später in den Gesprächen mit den Novizinnen jedesmal zitiert, wenn sie unterrichten, eine Behauptung rechtfertigen oder für die Liebe begeistern will.

Die grundlegenden Prinzipien von Johannes vom Kreuz werden auch jene von Theresias Lehre. Theresia hat sie auf ihre Weise geistig verarbeitet und in ihrer persönlichen Sprache ausgedrückt. Dennoch steht fest, daß die Lehre von der geistlichen Kindschaft das mächtige Gerüst ihres Aufbaus nur im Licht des Unterrichts des Meisters des Karmel erkennen läßt und daß es — abgesehen vom Evangelium — kein Werk gibt, das ihre Seele und ihre Spiritualität tiefer geprägt hätte als die Schriften des heiligen Johannes vom Kreuz. Genugtuung der Tochter: Die Hochschätzung, die der mystische Lehrer bei unseren Zeitgenossen gefunden hat, verdankt er zum Teil der Kleinen Heiligen. Sie hat sein anziehendes Talent, das wir als ausschließlich streng beurteilt hatten, ins rechte Licht gerückt.

In den *Selbstbiographischen Schriften* erzählt Theresia ihrer ältesten Schwester Marie „den tröstlichsten Traum ihres Lebens"[64]. Das war am 10. Mai 1896, als bereits der Sturm der Versuchungen gegen den Glauben ihre Seele erfaßte. Sie hielt sich in einer Galerie auf, als ihr drei verschleierte Karmelitinnen erschienen. Von der größten unter ihnen wurde sie unter deren Schleier genommen, und Theresia erkannte in ihr die Ehrwürdige Anne de Jésus, die Gründerin des Karmel in Frankreich. Es entwickelt sich ein Gespräch: „Wird der liebe Gott mich bald holen kommen?" — „Ja, bald, bald ...", antwortet die Ehrwürdige. „Ist der liebe Gott mit mir zufrieden?" Das Gesicht der Erscheinung leuchtet auf: „Der liebe Gott verlangt nichts anderes von Ihnen; er ist zufrieden, sehr zufrieden." Und sie begleitet ihre Worte mit süßen Liebkosungen.[65] Aber leider! Theresia wacht auf; der Traum ist zu Ende; er läßt aber in der Seele Theresias monatelang übernatürliche und so tiefe Eindrücke zurück, daß er wohl als eine übernatürliche Äußerung verstanden werden kann. Hätte dieser Traum auch nur symbolischen Wert, er würde uns dennoch interessieren.

Wir kennen die Ehrwürdige Anne de Jésus sehr gut, von der die Zeitgenossen, insbesondere Banez, mit größter Bewunderung sprechen. Sie ist die bevorzugte Tochter von Teresa von Avila, die sie ihre Krone nannte. Ihr hat Johannes vom Kreuz den *Geistlichen Gesang* zugedacht. Sie erbt das Gedankengut von beiden, und sie ist strenge Verteidigerin ihrer geistigen Anliegen. Berührt es nicht, daß gerade Anne de Jésus als lebendige Synthese des Geistes der beiden Reformatoren kommt, um Theresia zu beruhigen, und ihr ein Zeugnis der Zuneigung des ganzen Himmels bringt? Welch edle Vergangenheit neigte sich über die Gegenwart und die Zukunft! Die berufenste Repräsentantin der großen karmelitanischen Tradition brachte der verängstigten Theresia die Zusicherung, daß der Weg der Kindschaft den von den Reformatoren aufgezeigten Weg der Vollkommenheit auf gelungene Weise fortsetze.

II. NOVA: DIE NEUE BOTSCHAFT

Die Heilige hatte in fortschreitendem Maße Erkenntnis der Neuheit ihrer Lehre[66] erlangt in diesem aufeinanderfolgenden und manchmal gleichzeitigen Spiel von tiefem Licht[67] und schmerzlichen Finsternissen, von unumstößlichen Sicherheiten und erdrückenden Ängsten; ein Spiel, das den großen geistlichen Erneuerern sehr wohl bekannt war.

Zwischen Juni und September 1897 spricht sie zehnmal von ihrer Sendung nach dem Tod.

Die reiche Vielfalt und die außerordentlich erfolgreiche Wirkung ihrer Schriften und ihrer Unterweisung, der Rosenregen, die Erklärungen der Kirche, von denen man sagen könnte, daß sie die Lehre von Theresia vom Kinde Jesus[68] kanonisiert hätten, haben die übernatürlichen Intuitionen unserer Heiligen so nachhaltig unterstrichen, daß es überflüssig scheint, sich noch dabei aufzuhalten, die Glaubwürdigkeit und die Neuheit ihrer Botschaft zu beweisen. Der Inhalt dieser Botschaft interessiert uns. Ihn werden wir nach einigen notwendigen Bemerkungen über die Art und Weise, wie Theresia formuliert hat, untersuchen.

1. Eigenart der theresianischen Botschaft

Die Eigenart und der praktische Wert der Lehre der Meister des Karmel, insbesondere der von Johannes vom Kreuz, ist hervorgehoben worden.[69] Diese Kontemplativen griffen nur zur Feder, um der seelischen Unerfahrenheit der Menschen zu Hilfe zu kommen und die Wege zu den Gipfeln zu weisen, zu denen sie gelangt sind. Trotz der praktischen Ausrichtung bleibt die Lehre von Johannes vom Kreuz logisch geordnet und klar aufgebaut auf den Grundgedanken, die ihn leiten. Auch Teresa von Avila ordnet und gliedert, indem sie die Stufen geistlicher Entwicklung beschreibt. Beide legen ihre Lehre schriftlich nieder. Sie sind Lehrer, und sie haben die Grundlage für die mystische Wissenschaft gelegt.

Theresia ist, wie wir gesehen haben, die authentische Tochter von Teresa und von Johannes. Sie ist durch die Erziehung in der Familie und durch persönliche Begeisterung von den gleichen apostolischen Sorgen eingenommen. Auch sie gibt, was ihr lieb und wertvoll ist, weiter, um zu führen und um zu helfen. Im Vergleich zu den großen Meistern des Karmel erscheint sie als jugendliche Meisterin; sie läßt uns an die junge Gehilfin im Noviziat denken, die sie war und die sie für uns bleibt.

Hier Äußerungen, die das Wesentliche ihrer Botschaft wiedergeben und typisch für sie sind:

,,Ich fühle, daß meine Sendung anfangen wird, meine Sendung, den lieben Gott so lieben zu lehren, wie ich ihn liebe."

,,Welchen Weg wollen Sie die Seelen lehren?" — ,,Meine Mutter, es ist der Weg der geistlichen Kindschaft, es ist

der Weg des Vertrauens und der gänzlichen Hingabe. Ich
will sie die kleinen Mittel lehren, die sich bei mir so gut
bewährten; ihnen sagen, daß es nur eines zu tun gilt:
Jesus die Blumen der kleinen Opfer zu streuen, ihn durch
liebevolle Aufmerksamkeit zu gewinnen. So habe ich ihn
gewonnen, und deswegen werde ich so gut aufgenommen
werden."[70]

So ist unsere junge Meisterin: sie setzt sich neben uns
und vertraut uns ihre Erinnerungen und Erfahrungen
an; sie legt durch die Erfahrung gewonnene Wahrheiten dar und folgert daraus praktische Ratschläge. Den
Nachdruck, mit dem sie ihre praktischen Empfehlun-
gen wiederholt, entnehmen wir ihre große Aufrich-
tigkeit, die von ihrer Überzeugung und ihrem liebevollen Vertrauen zu uns geprägt ist. Wir müssen es
machen wie sie: nicht wachsen, arm bleiben, ein un-
erschütterliches Vertrauen bewahren und die Mittel,
die ihr geholfen haben, ergreifen; kurz, ihr auf dem
Kleinen Weg folgen. Sie stellt ihre Gedanken auf sehr
reizvolle, anziehende Weise dar, doch ohne theologischen Apparat, selbst ohne den Versuch einer intellektuellen Koordination oder begrifflichen Erklärung,
sondern mit kindlicher Einfachheit und Anmut. Ein
Text aus der Heiligen Schrift oder von Johannes vom
Kreuz unterstreicht bisweilen ihre Behauptung; ein
einen Gedanken illustrierendes reizvolles Bild verbindet sich mit der Einfachheit der Formulierungen. Dadurch bleiben die Originalität ihres Denkens und der
Reichtum ihres Lebens gut verborgen.

In dem Verständnis vom Kleinsein liegt eine große

Gefahr. So ist nicht immer vermieden worden, das Kleinsein mit einer gewissen leichten Kunst zu verwechseln, die Erfordernisse der Heiligkeit an die kindliche Schwäche und an das träge Gesetz des geringeren Widerstands anzupassen und die Einfachheit auf eine lächelnde Mittelmäßigkeit und eine langweilige Banalität herunterzuspielen. Tatsache ist, daß die Einfachheit aus einer echten Erhabenheit hervorgeht. Die Kleinheit verbirgt zudem eine heroische Kraft und führt zu einer unbestreitbaren Größe. Man kann also sagen: Die Lehre Theresias läßt bei zunehmendem Eindringen in sie eine so große intellektuelle Spannweite und einen so tiefen geistlichen Scharfsinn erkennen, daß man zunächst überrascht und dann irritiert ist. Man empfindet vor der ihr eigenen Tiefe und Harmonie geradezu ein Schwindelgefühl. Das ist das übereinstimmende Zeugnis mehrerer Theologen, die mit der theresianischen Lehre vertraut sind.

Unter dem Vorwand, die theresianische Botschaft so darzustellen, wie es den ihr eigenen Werten entspricht, dürfen wir nicht irgendeine großartige Fassade aufrichten. Nehmen wir ihr nicht ihre einfache und arme Schönheit eines Kindes, die ihr so wunderbar steht! Das hieße nicht nur, sie eines erobernden Reizes zu berauben und ihre Wirkkraft und Wirksamkeit zu schmälern, sondern ihr ihre besondere Gnade zu entziehen und eine tiefe Harmonie zu zerstören. Es hieße, dem David seine Hirtenschleuder wegzunehmen, um ihm den Panzer

Sauls anzuziehen. Diese äußere Einfachheit ist in Wirklichkeit der Ausdruck der wesentlichen Eigenschaft der theresianischen Botschaft und das, was ihren Wert und ihre Neuheit ausmacht.

Hier sind wir nun tatsächlich beim zentralen Punkt unserer Studie. Was gibt es Neues in dieser Botschaft? Theresia bringt uns keine neuen Offenbarungen und keine neuen theologischen Schlußfolgerungen. Ich hoffe, jedermann ist meiner Meinung und freut sich darüber, ja selbst ihre eifrigsten Schüler, zu denen wir gehören möchten. Die Neuheit liegt darin, so scheint uns, daß Theresia Gott und das Christentum mit den reinen und frischen Augen eines Kindes gesehen hat. Was ihr Kinderblick entdeckt hatte, hat sie mit klarer und zwingender Logik verwirklicht und hat das dann mit aufrichtiger Einfachheit und Lauterkeit ausgedrückt, die noch ganz die eines Kindes ist. Sie hat sich auf die Wahrheit ohne Vorurteile eingelassen. Ihre Reinheit hat das Wesentliche zu erfassen vermocht; großmütig und vollkommen hat sie es in ihrem Leben umgesetzt. So führt uns Theresia zu einer Reinheit und Unversehrtheit einer ganz dem Evangelium entsprechenden Lehre zurück. Diese alles durchdringende Einfachheit verwirklicht umfassend und tief die besondere Gnade der heiligen Theresia. Die Einfachheit ist die Neuheit an ihrer Botschaft.[71] Einfachheit und Tiefe, das sind die Eigenschaften der großen Meister. Durch sie tritt die Kleine Theresia gleichberechtigt in die Familie der großen geistlichen Lehrer aller Zeiten ein.

Ist sie also eine große Theologin? Sicher nicht im gewöhnlichen Sinn des Wortes, das die Idee von Erklärungen der göttlichen Wahrheit wachruft, wo die vom Glauben erleuchtete Vernunft sich abmüht; aber wenn wir die spirituelle Theologie definieren können, diese Wissenschaft, die alle Dinge im Lichte Gottes und Christi an ihren Platz stellt und das Vorangehen des Menschen auf sein letztes Ziel hin mit Weisheit ordnet, dann gibt es keinen Zweifel daran, daß die Kleine Theresia eine sehr große Theologin ist, denn ihr Blick auf Gott ist zu solchen Tiefen vorgedrungen und hat in so reiner Klarheit den Weg erschaut, der dorthin führt, daß sie ihre Entdeckung in einer Sprache kindlicher Einfachheit ausdrücken konnte. Sie hat in hohem Grade die Wissenschaft vom Heil besessen und sie mit einer seltenen Vollkommenheit weitergegeben.[72]

Ein Problem bleibt noch zu lösen, eine Schwierigkeit zu überwinden. Wie soll man die unter kindlicher Einfalt verborgenen Werte entdecken?

Theresia hat uns inhaltsreiche Gedanken hinterlassen, doch ohne schriftliche Abfassung als Lehre, in der die verschiedenen Aspekte geordnet, geklärt und genau bestimmt für jedermann verständlich sein könnten und somit ihre Verbreitung gesichert wäre. Die Kleine Heilige hat den Theologen die Sorge überlassen, eine solche Abhandlung zu verfassen. Der Wert der Arbeiten des Kongresses läßt uns hoffen, daß sie bereits zu einem Ergebnis gekommen sind, um Grundlagen dafür zu legen und die großen Strukturlinien aufzuzeigen.

2. Inhalt der theresianischen Botschaft

a) Synthese der praktischen Unterweisung

In der theresianischen Wegweisung gibt es mehrere Punkte wie die Hingabe, die kleinen Opfer, den Weiheakt, die alle zugleich so wichtig und so beeindruckend sind, daß sie die Aufmerksamkeit auf sich ziehen und an sich binden. Die Versuchung ist groß, sich durch sie faszinieren zu lassen und aus ihnen die Mitte der theresianischen Botschaft zu machen. Wir sagen „Versuchung", denn uns scheint, daß man demzufolge mit der Konstruktion einer Synthese, die uns die ganze Lehre erklären würde, nur scheitern kann. Eine Synthese der theresianischen Erkenntnisse scheint nur möglich, wenn man auf die Quellen zurückgreift, von denen sie ausgeht. Theresia war vor allem ein von Gott ergriffener Mensch, eine echte Kontemplative. Ihre mystische Erfahrung, obgleich dunkel, war — und daran ist nicht zu zweifeln — das leuchtende Feuer, das alle ihre Schritte und ihre ganze Unterweisung erhellt. Nehmen wir das als Ausgangspunkt!

Kontemplative Erfahrung: Gott ist barmherzig

In den *Selbstbiographischen Schriften* schreibt Theresia:

,,*Mir hat (Gott) seine unendliche Barmherzigkeit gegeben, und nur durch sie hindurch betrachte ich und bete ich an die übrigen göttlichen Vollkommenheiten! ... Dann erscheinen sie mir alle strahlend von Liebe; selbst die Gerechtigkeit (und sie vielleicht noch mehr als jede andere) scheint mir mit Liebe bekleidet ... Welch süße Freude zu denken, daß Gott Gerecht ist, das heißt, daß Er unserer Schwäche Rechnung trägt, daß Er um die Gebrechlichkeit unserer Natur genau weiß. Wovor sollte ich mich also fürchten? Ach, der unendlich gerechte Gott, der sich herabließ, dem verlorenen Sohn alle seine Fehler mit so viel Güte zu vergeben, sollte Er nicht auch mir gegenüber Gerecht sein, die ich ‚immer bei Ihm bin'? ...*"[73]

Die Einfachheit der Aussage könnte uns leicht dazu verleiten, ihre Bedeutung und Wichtigkeit nicht aufzuzeigen. Es handelt sich tatsächlich nicht um eine jener Erleuchtungen, die einen Augenblick oder mehrere Tage lang unser Gebet nährt. Der Blick Theresias ist jetzt bis zu dem Punkt vereinfacht, daß ihr alles in Gott und in der Welt unter diesem einzigen Licht erscheint, in einem einzigen Spiegel, in dem des unendlichen Erbarmens.

Der ganze Hintergrund der *Selbstbiographischen Schriften* beweist die Wahrheit dieses Zeugnisses: Theresia besingt das göttliche Erbarmen, dessen souveränes Handeln sie sowohl in der Gesamtheit wie in den Einzelheiten ihres Lebens entdeckt, in den glücklichen Ereignissen wie in dem ihres Eintritts in den Karmel und in den schmerzlichsten wie in der demütigenden Krankheit ihres Vaters.

Dieses Licht ist das gleiche, das dem geblendeten Blick des Apostels die Harmonie der ewigen Pläne Gottes durchsichtig machte und ihm erklärte, wie der Vater in die Liebe, die er zu seinem Sohne trug, die Menschheit nach dem Sündenfall[74] hineinnehmen konnte und ihm ebenfalls Verständnis schenkte für die freie Wahl und die Umwandlung, deren Ziel er selber war.[75]

Im Plan der Erlösung finden alle Dinge ihren Sinn und ihren Daseinsgrund im göttlichen Erbarmen, das die Gestaltung der christlichen Welt und den Aufbau des mystischen Leibes Christi lenkt. Diese göttliche Glaubenswahrheit in so einfachem und so reinem Licht erkannt zu haben, erscheint uns als höchste und wichtigste kontemplative Gnade, die Theresia vom Kinde Jesus zuteil geworden ist. So ist es auch unsere Aufgabe, ihre Bedeutung zu unterstreichen. Diese Gnade hatte die dunkle Gegenwart Gottes zur Grundlage und als Ausgangspunkt. Sie, so scheint es, ruhte wie eine lebendige und wohltuende Last auf ihrer Seele und zog sie seit frühester Kindheit zur Sammlung hin. Ihr Herz und ihre Empfindsamkeit durch die warmen Zuneigungen in der Familie für feinfühlige Zärtlichkeiten der Liebe herangebildet, der tiefe Schmerz, verursacht durch den Tod der Mutter, die psychische Erschütterung, ausgelöst durch den Eintritt Paulines in den Karmel — das alles trennte sie von der Welt und öffnete sie uneingeschränkt der unerschaffenen göttlichen Liebe. Die kleine Schülerin der Benediktinerinnen spürte die göttliche Eifersucht in den Enttäuschungen, die ihr ihre Kinderfreundschaften einbrachten.[76] Die göttliche Liebe wollte ihre Seele allein für sich haben und ließ sie das in jener Begegnung der Erstkommunion spüren, die ein *„Aufgehen ineinander"* war:

„An diesem Tage aber war es nicht mehr ein Blick, sondern ein Aufgehen ineinander, sie waren nicht mehr zwei, Theresia war verschwunden, wie der Wassertropfen im weiten Meere sich verliert. Jesus allein blieb, Er war der Herr, der König."[77]

Zu der so wertvollen Erfahrung der einigenden Besitznahme durch die göttliche Liebe kommt in der Weihnachtsgnade von 1886 die Erfahrung der umformenden Kraft durch ebendiese Liebe. Es wird ihr Liebe eingegossen, die bis in ihre Empfindungen ausstrahlt.

„In einem Augenblick hatte Jesus vollbracht, was mir in zehnjähriger Anstrengung nicht gelungen war. Er begnügte sich mit meinem guten Willen, an dem es mir nie fehlte … Ich fühlte die Liebe in mein Herz einziehen, das Bedürfnis, mich selbst zu vergessen, um (anderen) Freude zu machen, und von da an war ich glücklich! …"[78]

128

Die Gnade der Begeisterung und das Verlangen, Seelen zu retten, die sie kurze Zeit später empfing, ließ sie unmittelbar in die göttliche Liebe eindringen. Dadurch erfuhr sie deren tiefe Bedürfnisse und Leiden: die göttliche Liebe hat das brennende Verlangen, sich auszubreiten; aber die Menschen weigern sich, sie aufzunehmen.[79]

Der göttliche Künstler versetzte Theresia in den Karmel, nachdem er ihre Seele, das Gefäß seiner Erwählung, mit seinen Händen bearbeitet und durch die Prägungen seiner außerordentlichen Gnaden gestaltet hat. Dort läßt er dieses Meisterwerk seines Wohlwollens unter langsamen und anhaltenden Einwirkungen des Feuers seiner Liebe in seiner endgültigen Form Gestalt annehmen. Diese Arbeit vollzieht sich vor allem in ihren langen kontemplativen Trockenheiten. Sie sind der gleichmäßig grauen Aschenschicht ähnlich, welche den Herd bedeckt und dabei die Wirkung konzentriert. Die Trockenheiten hüllen die Seele in einen Schutzmantel und gestatten so dem inneren Feuer der Liebe, sie zu durchdringen, sie zu reinigen, sie langsam bis zu dem Punkt zu verzehren, an dem sie in einen Feuerbrand der Liebe verwandelt ist.

Es gibt übrigens nicht nur Trockenheiten. Theresia gesteht, Verzückungen gehabt zu haben. 1895 sagt sie, daß sie viele Erleuchtungen hat. Zwischenzeitlich bestärken der *Geistliche Gesang* des heiligen Johannes vom Kreuz und die *Lebendige Liebesflamme* ihre dunklen Ahnungen über die Liebe und das Werk der Liebe in der Seele.

Theresia gelangt so zu dem, was wir die große Vision der göttlichen Liebesglut nennen können. Diese Vision lebendigen Glaubens bringt ihr durch Erfahrung die Erkenntnis von dem Bedürfnis der göttlichen Liebe, sich auszubreiten, und die Erkenntnis von ihren Enttäuschungen angesichts des Hasses und der Gleichgültigkeit. Die Enttäuschungen lassen ihre Wünsche, sich immer hinzugeben, noch brennender werden. Ihr Verlangen entspricht keinem richtigen und vernünftigen Maß mehr, sondern nur noch den Erfordernissen und Bedürfnissen der Geschöpfe. Die göttliche Liebe, die diesen Grad erreicht hat, nennt sich Erbarmen. Theresia hat es entdeckt. Die Entdeckung des Erbarmens zieht ihre Weihe an die Erbarmende Liebe am Dreifaltigkeitsfest am 9. Juni 1895 nach sich. Sie ist auf dem Höhepunkt des geistlichen Lebens von Theresia ein Akt schwerwiegender Bedeutung, der ihre Lehre und Sendung klar erkennen läßt.

Auf den Weiheakt folgt meiner Meinung nach eine zweifache göttliche Antwort. Die erste ist die Verwundung durch die Liebe am Freitag, 14. Juni 1895, also nur einige Tage später. „Oh! Seit jenem glücklichen Tag will mir scheinen, die Liebe durchdringe und umgebe mich ganz."[80] Theresia erfährt durch die Liebe eine Umwandlung in überreicher Fülle. Die zweite Antwort, so scheint uns, findet sich in den Versuchungen gegen den Glauben, denen sie vom darauffolgenden Jahr an (Ostern 1896) ausgesetzt ist. Diese Prüfung besteht in dem fühlbaren Einströmen der Liebe; ihr eigentliches Ziel ist es, Theresia am Drama der göttlichen Liebe hier auf Erden teilnehmen zu lassen, an ihrem schmerzlichen Kampf gegen die Sünde. Das ist das innere Drama von Getsemani und Kalvaria, in gewisser Weise ein unmittelbares Aufeinandertreffen der Liebe und der Haß-Sünde. Wir begreifen, daß der Blick Theresias auf das Antlitz Jesu Christi in seiner Passion gerichtet sein muß, daß dieses Antlitz ihre *„einzige Heimat, (ihr) Reich der Liebe, das Gestirn ist, das (ihre) Schritte lenkt"*[81]. Theresia ist glücklich, das Brot der Leiden für die Sünder mit dem liebenden Jesus zu teilen.[82] Sie will Jesus von jetzt an nicht mehr verlassen, bis sie mit ihm den Tod in den Finsternissen von Kalvaria teilen wird. Der Identifikation mit dem gekreuzigten Christus folgt normalerweise der Triumph der Auferstehung. Er hat für Theresia begonnen. Das Kreuz ist Erhöhung. In dem Augenblick, in dem die Prüfung beginnt, ist, wie wir festgestellt haben, das Wesentliche der theresianischen Lehre gefunden, und ihre Mission beginnt sich zu festigen. Alle weitere Entwicklung geht künftig von der hohen Erfahrung der umgestaltenden und leidvollen Liebe aus: sowohl ihre Apostolatswünsche, die sich auf alle Zeiten und auf alle Orte erstrecken, Torheiten, die nur die Liebe erlauben kann, weil sie allein fähig ist, sie zu verwirklichen,[83] als auch ihre Erleuchtungen über die Liebe selbst, die alle Berufungen in sich schließt.

„Ich begriff, daß die Liebe alle Berufungen in sich schließt, daß die Liebe alles ist, daß sie alle Zeiten und Orte umspannt ... mit einem Wort, daß sie ewig ist! ...

Da rief ich im Übermaß meiner überschäumenden Freude: O Jesus, meine Liebe ... endlich habe ich meine Berufung gefunden, meine Berufung ist die Liebe! ... Ja, ich habe meinen Platz in der Kirche gefunden, und diesen Platz, mein Gott, den hast du mir geschenkt ... Im Herzen der Kirche, meiner Mutter, werde ich die Liebe sein ..."[84]

Theresia wird Liebe sein; sie ist jetzt schon glühende Liebe. Diese Feststellung führt sie in das Zentrum der Liebe, in die Umwandlung und Identifikation mit der göttlichen Liebe, die sich bereits vollzogen hat: sie ist Quelle alles Guten, der höchsten Freude und unbeschreiblicher Leiden, universaler Fruchtbarkeit und das schon Verankertsein in einem ewigen Frieden. Was wird sie tun, um das Verlangen und die ewige Absicht Gottes zu verwirklichen und um das göttliche Herz und die Not der Menschen zu erleichtern? Ein einziges wird von nun an die Einheit ihres persönlichen Lebens und ihrer Sendung ausmachen, wozu sie sich unentwegt angetrieben fühlt: das höchste Gut, die göttliche Liebe, bekannt zu machen und weiterzugeben.

Man fragt sie, ob sie sich nach dem Himmel sehne, um sich an Gott zu freuen. „Nein", antwortet sie; „das ist es nicht, was mich anzieht." — „Was dann?" — „O, es ist die Liebe! Lieben, geliebt werden und auf die Erde zurückkehren, um zu bewirken, daß die Liebe geliebt wird!"[85] Ihr einziges Verlangen und ihre Sendung ist, die Menschen in die Regionen zu führen, in die sie gelangt ist; sie die Liebe finden zu lassen und sie an Gott auszuliefern, damit sie ihm dieselbe Freude bereiten, damit sie dort die gleichen Erfahrungen machen wie sie selbst und daß sie dort den gleichen Frieden und die gleiche Kraft finden:

,,*Warum soll ich danach verlangen, deine Liebesgeheimnisse mitzuteilen, o Jesus, hast nicht du allein sie mich gelehrt und vermagst du sie nicht auch anderen zu offenbaren? … Ja, ich weiß, du kannst es, und ich beschwöre dich, es zu tun. Ich flehe dich an, erniedrige deinen göttlichen Blick auf viele kleine Seelen … Ich flehe dich an, erwähle dir eine Legion kleiner, deiner Liebe würdiger Opfer! …*"[86]

Das ist der wichtigste und zentralste Punkt der theresianischen Botschaft: die Liebe kennen und offenbaren. Es wäre wohl kaum sinnvoll fortzufahren, wenn wir das nicht verstanden und angenommen hätten.

Vertrauen und geistliche Armut

Wie antworten wir auf die Einladungen der unendlichen Liebe, und wie liefern wir uns ihrem Wirken aus? Für Theresia besteht das ganze geistliche Leben in der Lösung dieses Problems.

Wir wissen, daß der Kontakt mit der übernatürlichen Welt durch den Glauben hergestellt wird. Der Apostel sagt: „Wer sich Gott nähern will, der muß glauben, daß Gott ist und daß er sich denen schenkt, die ihn suchen."[87] Jesus forderte gewöhnlich von Menschen, die eine Gunst erbaten, daß sie glauben, und dieser Glaube, so er tief genug war,[88] berührte ihn zuinnerst und entlockte ihm tatsächlich Wunder.[89] Der vorübergehende Kontakt des Glaubensaktes genügt der göttlichen Liebe nicht. Sie fordert von der Seele eine Verfügbarkeit, die sie ständig für sein Wirken offen hält. Die (dafür erforderliche) Haltung ist das Vertrauen oder der liebende Glaube oder besser noch die Hingabe, welche die liebende Seele an Gott, den sie liebt, vollständig ausliefert. Das liebende Vertrauen und die Hingabe werden also die eigentlichen Grundlagen der theresianischen Spiritualität. Auf die Frage „*Welchen Weg wollen Sie die Seelen lehren?*" antwortet Theresia ohne zu zögern am 17. Juli 1897: „*Es ist der Weg der geistlichen Kindschaft, es ist der Weg des Vertrauens und der gänzlichen Hingabe.*"[90] In ihren *Selbstbiographischen Schriften* hatte sie geschrieben:

„*Jesus gefällt es, mir den einzigen Weg zu zeigen, der zu diesem Göttlichen Glutofen führt, dieser Weg ist die Hingabe des kleinen Kindes, das angstlos in den Armen seines Vaters einschläft …*"[91]

Weil es sich um eine auf Gott ausgerichtete Tugend handelt, kann das Vertrauen bis ins Unendliche wachsen. Deshalb konnte Theresia sagen: „*Man vertraut nie zuviel auf den lieben Gott, der so mächtig und so barmherzig ist. Man erhält von ihm alles, so viel man erhofft.*"[92] Und noch kühner schreibt sie: "*Das ist alles, was Jesus von uns fordert. Er bedarf unserer Werke nicht, sondern nur unserer Liebe.*"[93]

Über die Liebe, die sich durch das Vertrauen ausdrückt, steht im Kontext:

"*Das Verdienst besteht nicht im vielen Tun und Geben, sondern vielmehr im Empfangen, im vielen Lieben … Es heißt, daß Geben seliger ist als Nehmen, und das stimmt. Wenn aber Jesus die Freude des Schenkens für sich beansprucht, dann wäre es sehr unartig, abweisend zu sein*" (Brief an Céline vom 6. Juli 1893).

Ist das nicht eine quietistische Haltung? Gewiß nicht, denn Theresia nimmt sich vor, die vorrangige Bedeutung des Vertrauens herauszustellen, um die Erbarmende Liebe anzuziehen. Dabei leugnet sie die Notwendigkeit von Werken nicht.

Vertrauen und Hingabe zu üben schließt übrigens einen echten Heroismus von Askese ein; Tugenden finden tatsächlich ihre Vollkommenheit nur in einer sich ergänzenden inneren Verfassung: das ist geistliche Armut. In einem Brief an ihre Schwester Marie du Sacré-Cœur erläutert Theresia ihre Botschaft und weist auf die Wechselbeziehungen hin, die zwischen den beiden Tugenden Vertrauen und Armut bestehen:

"*Ihm gefällt es zu sehen, daß ich meine Kleinheit und meine Armut liebe, meine blinde Hoffnung auf seine*

Barmherzigkeit ... Das ist mein einziger Schatz, geliebte Patin, warum sollte dieser Schatz nicht auch der Ihre sein? ... O meine geliebte Schwester, verstehen Sie Ihre kleine Tochter, verstehen Sie: wenn man Jesus lieben, sein Opfer der Liebe sein will — je schwächer man ist, ohne Wünsche, ohne Tugenden, um so mehr ist man geeignet für das Wirken dieser verzehrenden und umwandelnden Liebe."[94]

Theresia hat uns in diesen Zeilen ihr Geheimnis anvertraut, nämlich die innerste Struktur ihres Kleinen Weges des Vertrauens. Um so viel und all das zu erlangen, was sie erhofft, muß das Vertrauen vollkommen sein, das heißt, es gilt, nur auf Gott allein zu hoffen, und zwar auf Grund seiner Barmherzigkeit. Durch die Entsagung von allem, was nicht Gott ist, wird die Hoffnung selbst und das, was sie bewegt, geläutert. Wir finden hier „das Alles und Nichts" von Johannes vom Kreuz wieder. Der Akt vollkommenen Vertrauens, der alles erlangt, das heißt Gott und die vollkommene Vereinigung, erwächst aus den Tiefen der Armut. Theresia wird nicht müde, die Notwendigkeit dieser beiden Einstellungen zu betonen und die Fruchtbarkeit ihrer Verbindung im Hinblick auf das göttliche Erbarmen, das sich verströmen will, aufzuzeigen. Sie unterstreicht, daß Jesus tatsächlich nicht für die Gerechten gekommen ist, sondern für die Sünder.[95] Die tiefe Not des Sünders zieht Gott an, weil sie ihm eine Leere anbietet, die er füllen will. Die etwas mysteriöse Behauptung des Evangeliums hat sich für

Theresia geklärt: „Es gibt mehr Freude im Himmel über einen Sünder, der Buße tut, als über neunundneunzig Gerechte, die es nicht nötig haben umzukehren."[96]

Je einmaliger die Gabe Gottes und je unverdienter sie von seiten des Sünders ist, desto größer ist die Freude Gottes. Das Verlangen Theresias, der göttlichen Liebe große Freude zu bereiten, läßt sie in „geradezu heiliger Weise" auf Maria Magdalena eifersüchtig werden, die mehr geliebt hat, das heißt mehr Liebe empfangen hat, weil sie viel gesündigt hatte.[97] Theresia erklärt also, daß Gott ihr selbst dadurch alles erlassen habe, indem er sie vor jeder schweren Sünde bewahrte. Wenn sie nicht in den Karmel aufgenommen worden wäre, wäre sie in ein „Zufluchtsheim"[98] gegangen, um an der überreichen Liebe teilzuhaben, die sich an die Reumütigen verschwendet.

Die scheinbar subtilen Darlegungen zeigen uns, wie sehr Theresia die Armut als wahren geistlichen Broterwerb schätzt. Es gilt, die Liebe anzuziehen:

„Schon allein der Wunsch, Opfer zu sein, genügt. Aber man muß einwilligen, immer arm und kraftlos zu bleiben, und das ist schwer, denn ‚den Armen im Geiste, wo soll man ihn finden, man muß ihn weithin suchen‘, sagt der Verfasser der Nachfolge Christi ..."[99]

Sie meint auch, daß die größte unter den großen Gnaden, die Gott in ihr gewirkt hat, jene ist, daß er ihr ihre Kleinheit und ihr Unvermögen zu allem Guten gezeigt hat.[100]

Sie formuliert ihre Auffassung von der Vollkommenheit folgendermaßen: *,,Es genügt, sein Nichts zu erkennen und sich wie ein Kind Gott in die Arme zu werfen.*"[101]

Geistliche Kindschaft

Vertrauen und geistliche Armut ziehen die Liebe unwiderstehlich an, ein Gesetz, das sich für Theresia in dem Maße bestätigt, wie sich die Erfahrung der Liebe entfaltet. In der Entwicklung herrschen wahrscheinlich anfangs Kraft und Intensität gegenüber der Verständlichkeit vor. An einem schwer festzustellenden Datum — offensichtlich in der Periode geistlichen Reifens zwischen der Hingabe an die Erbarmende Liebe (9. Juni 1895) und der Glaubensprüfung (Ostern 1896)[102] — gewinnt sie eine bemerkenswerte Erkenntnis:[103]

,,... ich will das Mittel suchen, in den Himmel zu kommen, auf einem kleinen Weg, einem recht geraden, recht kurzen, einem ganz neuen kleinen Weg. Wir leben in einem Jahrhundert der Erfindungen, man nimmt sich jetzt die Mühe nicht mehr, die Stufen einer Treppe emporzusteigen; bei den Reichen ersetzt ein Fahrstuhl die Treppe aufs vorteilhafteste ..."

,,Ich suchte daher in den heiligen Büchern nach einem Hinweis auf den Fahrstuhl, den ich begehrte, und ich stieß

auf die aus dem Munde der Ewigen Weisheit kommenden
Worte: ‚Ist jemand GANZ KLEIN, so komme er zu
mir' …"[104]

„… Weil ich wissen wollte, o mein Gott! was du mit
dem ganz Kleinen tätest, der deinem Ruf folgen
würde, setzte ich meine Erkundungen fort; und
schauen Sie, was ich fand:

‚Wie eine Mutter ihr Kind liebkost, so will ich euch
trösten, an meiner Brust will ich euch tragen und
auf meinen Knien euch wiegen.'[105] *Ach! niemals sind*
zartere, lieblichere Worte erfreuend an meine Seele ge-
drungen; der Fahrstuhl, der mich bis zum Himmel empor-
heben soll, deine Arme sind es, o Jesus! Dazu brauche ich
nicht zu wachsen, im Gegenteil, ich muß klein bleiben, ja
mehr und mehr es werden."[106]

Theresia betrachtet sicher auch den Bericht des
Evangeliums, in dem Christus seinen Aposteln ein
Kind vorstellt und die Notwendigkeit heraushebt,
ihm zu gleichen, um in das Himmelreich einzugehen: „Wer immer sich klein macht wie dieses Kind,
der wird der Größte sein im Himmelreich."[107]

Mit Blick auf Theresia finden die zitierten Textstel-
len eine beeindruckende Auslegung. Der in ihnen
enthaltene und nach außen dringende Reichtum bekräftigt und harmonisiert Bestrebungen und Überzeugungen, die, wenn auch nicht verschwommen,
so doch wenigstens ungenügend erklärt waren. Ihr
tiefer Gehalt sammelt mit einem Mal die noch ver-
streuten Elemente und verkörpert in gewisser Weise

die theresianische Lehre in einer lebendigen, klaren und einfachen Form: in jener des kleinen Kindes, welches zum vollkommenen Modell wird, das man nachahmen und verwirklichen soll.

Bei Theresia findet die Gnade außerordentlich günstige natürliche Voraussetzungen. Hat eine Gnadengabe jemals die menschliche Natur harmonischer vervollkommnet? Theresia ist immer klein gewesen: in der Familie, wo sie als das letzte von neun Kindern unter der liebenden Fürsorge ihrer Schwestern gelebt hat, und im Karmel, wo zwei ihrer Schwestern zuvor eingetreten waren, in den sie selbst mit fünfzehn Jahren eintrat und in dem sie mit vierundzwanzig Jahren starb. Sie hat das Noviziat nie verlassen, sondern blieb dort als „Noviziatsälteste"; deshalb konnte sie die kanonische Volljährigkeit nicht erlangen, welche ihr die Ausübung von gewissen Rechten im Orden auf Grund der Profeß verleiht. Wegen der familiären Situation und bedingt durch das soziale Umfeld ist sie immer die „kleine Theresia" geblieben. Das ist sie auf übernatürliche Weise noch im Himmel.[108] Dank ihrer Gnade hat sie mit strenger und absoluter Logik das Modell verwirklicht, das Jesus seinen vertrautesten Jüngern vorgestellt hat.

Theresia kann leicht die äußeren Haltungen eines Kindes nachahmen, seine liebevollen und charmanten Gesten, sogar seine Sprechweise annehmen. Lassen wir uns aber durch all diese äußeren Formen nicht täuschen, die keine wesentlichen Elemente der Kindheit sind und die leicht eine Entstellung begünstigen könnten. Das Kindsein, das Theresia annimmt und als Modell vorstellt, ist nicht dieses schwache Wesen, das durch seinen gewinnenden Charme seine Wünsche und Launen der Umgebung aufzwingt; es ist vielmehr das, was sie selbst als Beschreibung vorlegt:

Ein kleines Kind sein ,,besteht darin, daß man sein Nichts anerkennt, alles vom lieben Gott erwartet, so wie ein kleines Kind alles von einem Vater erwartet; daß man sich um nichts Sorgen macht, kein Vermögen erwirbt …

Klein sein heißt auch, nicht die Tugenden, die man übt, sich selber zuschreiben, nicht sich selber zu irgend etwas fähig halten, sondern anerkennen, daß der liebe Gott diesen Schatz in die Hand seines kleinen Kindes legt, damit es ihn benützt, wenn es ihn braucht; aber der Schatz gehört immer dem lieben Gott …"[109]

Theresia zeigt in dieser bedeutenden Ausführung die grundlegende Haltung der geistlichen Kindschaft auf. Sie baut jede Weisung des übernatürlichen Lebens auf und regelt dessen verschiedene Äußerungen. Das geschieht durch eine ganz vom Vertrauen getragene Armut, die eifersüchtig bewahrt und geschützt ist gegen die Aneignung aller falschen Güter, selbst wenn es Tugenden wären. Die geistliche Kindschaft setzt zunächst den kindlichen Instinkt der heiligmachenden Gnade frei; das Kind, das mit der göttlichen Dreifaltigkeit eins geworden ist, erträgt es nicht mehr, von seinem Vater, dem lieben Gott, getrennt zu sein. Wenn ihm eine Schwierigkeit begegnet, wenn ihm eine größere Aufgabe anvertraut ist, geht es instinktiv „in die Arme des lieben Gottes und (versteckt sein) Gesicht in seinem Haar"[110]. Sein Gebet besteht darin, Gott ganz aus der Nähe anzuschauen und sich darum zu bemühen, ihn durch die in der Heiligen Schrift von ihm berichteten Taten und Worte besser zu kennen.[111]

Die kindliche Suche nach Gott unterwirft sich, weil sie von der Gnade geleitet ist und nicht von einem naturhaften Verlangen nach Liebkosungen; sie unterwirft sich den Gesetzen der übernatürlichen Ordnung, die unsere Beziehungen zu Gott regelt. Sie stützt sich auf die Sicherheiten im Glauben, um in ihrer Suche durchzuhalten, und sie nimmt voll Liebe den Schleier der Dunkelheit an, den der Glaube jetzt hier auf Erden über die von ihm offenbarten übernatürlichen Wirklichkeiten breitet. Theresia will Gott nicht wecken in dieser Stille der Nacht, die einem Schlummer und manchmal der Unbeweglichkeit des Todes gleicht. Weil sie ausschließlich nach der Wahrheit verlangt, will sie keine falschen Darstellungen dessen, was droben ist; sie begehrt nicht einmal übernatürliche Kundgebungen, die nur ähnlich sein können.[112] Die übernatürliche Einfachheit und Reinheit der kindlichen Haltung und des Blickes, der beständig über alle Wolken und über alle Bilder hinaus auf Gott geheftet ist, macht aus dem Kind eine hochrangige Kontemplative,

welche höchste göttliche Eigenschaften durch-
dringt und sich ihrer bemächtigt.

Johannes vom Kreuz unterstreicht, daß die Seele
durch die Reinheit ihres Blickes Gott fesselt und, so
fügt er hinzu, durch den „Anblick eines Haares,
welches das Haar der Liebe"[113] ist, die Tugenden
fest untereinander verbindet. Theresia, die den ersten Wesenszug verwirklicht hat, unterstreicht den
zweiten in einem Brief an Leonie, indem sie ihn auf
die Tätigkeit der Liebe und ihren Weg der Kindschaft anwendet. Sie schreibt:

*„Verstehen wir es also, ihn als Gefangenen festzuhalten,
diesen Gott, der um unsere Liebe bettelt. Wenn er uns
sagt, ein Haar könne dieses Wunder bewirken, zeigt er
uns, daß es die kleinsten, aus Liebe getanen Handlungen
sind, die sein Herz gewinnen ... Ah! wenn es darauf an-
käme, große Dinge zu vollbringen, wie sehr wären wir zu
bedauern? ... Aber wie glücklich sind wir, weil
Jesus sich durch die kleinsten Dinge fesseln läßt ..."*[114]

Die Liebe hat tatsächlich die Aufgabe, sich anders
auszudrücken als nur durch das bloße Schauen; sie
muß Taten vollbringen. Die Aktivität der Liebe wird
bei Theresia eine Aktivität des Kindes bleiben, die
ihre Vollkommenheit in einer starken und zarten
Liebe sucht, fein und stark wie ein Haar. Sie belebt
und einigt dadurch alle Handlungen. Im Bewußtsein ihrer Schwäche wendet sich Theresia keiner
brillanten Askese zu, die sich in den Schein von
Stärke oder Heroismus kleidet. Das kleine Eisen-

kreuz, das sie krank macht, gewährt ihr eine endgültige Einsicht, die genau das erfaßt, was sie innerlich fühlt.

Muß sie auf Grund ihrer Kleinheit alle Anstrengung
von sich weisen? Ganz gewiß nicht. Alles, was Gott
ihr durch Vorschriften, durch die Ereignisse und
durch die Standespflichten auferlegt, ist Beweis und
Botschaft seiner Liebe. Ihre Schwäche hat nicht das
Recht, sich darüber zu entsetzen, daß die Aufgabe
die menschlichen Kräfte übersteigt, denn Gott gibt
immer Gnade und Kraft für den, der darum bittet.
Und mit welch wacher Aufmerksamkeit sammelt
sie alle seine göttlichen Wünsche bis hin zu den geringsten; mit welch skrupelhafter Treue, mit welcher Sorge um Vollkommenheit bis ins Detail hinein erfüllt sie die großen und die kleinsten Pflichten
des täglichen Lebens, um Gott in jedem Augenblick
ihre Liebe auszudrücken! Sie sagt zu Jesus:

*„Ich habe kein anderes Mittel, dir meine Liebe zu bewei-
sen, als Blumen zu streuen, das heißt, ich will mir kein
einziges kleines Opfer entgehen lassen, keinen Blick, kein
Wort, will die geringfügigsten Handlungen benutzen und
sie aus Liebe tun ... Aus Liebe will ich leiden und aus Liebe sogar mich freuen, so werde ich Blumen vor deinen
Thron streuen; nicht eine will ich antreffen, ohne sie für
dich zu entblättern ..."*[115]

Das also ist der Heroismus des Kleinseins. Alles ist
durchtränkt von Liebe; und Gott versäumt es nicht,
die tägliche Nahrung zu liefern, die ihren Kräften

angepaßt und für ihre Entwicklung notwendig ist, von den kleinen Nadelstichen zu Beginn des Ordenslebens angefangen bis zu den letzten Prüfungen, welche die Vollendung bedeuten. Bei diesen Prüfungen verbirgt Theresia das Leiden unter einem Lächeln. Ist das Lächeln nicht im wahrsten Sinne des Wortes der Schmuck im Gesicht eines Kindes? Sie schreibt:

„Singen werde ich, auch wenn ich meine Blumen mitten aus Dornen pflücken muß, und mein Gesang wird um so wohlklingender sein, je länger und spitzer die Dornen sind."[116]

Ihr Leiden zu verbergen, um nicht andere damit zu belasten, ist ein Akt zarter Liebe. Theresia liebt diese Tugend in besonderer Weise, „weil man den lieben Gott in dem Maße liebt, als man sie liebt"[117], auch weil das die Tugend Gottes, der Liebe selbst, ist. Sie übt sie mit besonderer Sorgfalt und empfiehlt sie noch auf den letzten Seiten, die sie geschrieben hat.[118]

Das ist die praktische Unterweisung von Theresia, Botschaft eines Kindes, *„eines armen, kleinen Nichts, mehr nicht"*[119], das uns sagt, daß Gott Liebe ist, daß Gott die Flammen seiner Liebe auf unsere Seelen ausbreiten will und daß wir umgewandelt und durch seine Liebe verzehrt werden können, wenn wir uns „demütig und klein machen in den Armen Gottes im Bewußtsein unserer Schwäche und vertrauend bis zur Kühnheit auf seine Vatergüte"[120].

b) Spekulative Wahrheiten der geistlichen Theologie

Wir haben festgestellt, daß Theresia keine Abhandlung über Spiritualität geschrieben hat und daß sie kein System entwickelt hat, das sich auf geistliche Theorien stützt. Alles, was sie lebt und mit so großer Sicherheit lehrt, setzt Wahrheiten aus der geistlichen Theologie voraus und bekräftigt sie; obwohl diese nicht klar ausgedrückt sind, treten sie doch ganz klar hervor. Wie diese Wahrheiten auch formuliert sein mögen und was für einen Klang sie auch haben, der uns überrascht, sie erscheinen fast als kühne Neuheiten. Eine aufmerksame Untersuchung zeigt uns sehr rasch, daß die Neuheit in einer Rückkehr zur reinen und unverkürzten Wahrheit besteht, in einer vollkommenen Verwirklichung und einer sehr klaren, weil einfachen Veranschaulichung, dargestellt durch Definitionen der Theologie.[121] Einmal mehr triumphiert die Einfachheit; oder besser gesagt: sie gibt ihre Werte dem Theologen optimal zu erkennen. Versuchen wir, das klar zu erkennen.

Schauen auf Gott

Jedes geistliche Leben muß seine Grundlage und seine beständige Nahrung im einfachen Schauen auf Gott suchen, in einem Blick, dessen Einfachheit die Vollkommenheit ausmacht.

Die hier ausgesprochene erste Wahrheit ist leichter zu entwickeln, als nur zu formulieren. Sie zeigt sowohl die Bedeutung von Theresia als Vorbild als auch den Anspruch ihrer Lehre.

Als Tochter der Eremiten, die im Gebirge wohnten, hat die Kleine Heilige alles geopfert, um Gott zu finden. Nachdem sie ihn in hoher Kontemplation gefunden hatte, erwächst für sie alles aus diesem Schauen. So lädt sie uns ein, ihren Kleinen Weg zu beschreiten, ihre Haltungen zu verwirklichen, freilich ohne alle ihre Gesten nachzuahmen. Wir haben ihr nicht in ihre karmelitanische Wüste zu folgen, aber wie könnte man sich ihren Jünger nennen, wenn man seinem geistlichen Leben nicht in erster Linie jene Grundlage und Nahrung geben würde, die das Ihrige unterhielten, nämlich einen ständigen Blick auf Gott zu werfen? Anders handeln hieße, einen Fehler in bezug auf das grundsätzliche Anliegen Theresias zu begehen, ein Irrtum, der nachträglich nicht wiedergutgemacht werden könnte.

Das ist übrigens ein Gesetz unserer menschlichen Natur, daß wir nur in dem Maße lieben können, als wir erkennen. Dieses Gesetz legt sich dem Glauben mit all seiner Strenge auf, insofern dieser nach genau unterschiedenen Erkenntnissen verlangt, die vom Verstand als notwendige Nahrung für seine Entwicklung geliefert werden. Wenn Gott sich der Vernunft unterstellt und durch die Gaben des Heiligen Geistes selbst die Erkenntnis sichert, dann zieht die Liebe — und das ist wahr — daraus ihre Vorteile; aber die Liebe kann sich mit den göttlichen Quellen, die sie speisen, nur durch einen Kontakt des Glaubens, das heißt durch einen Blick, in Verbindung halten. Durch diesen Blick des Glaubens, nötiger denn je, vollzieht sich dann die Umwandlung der Seele von Klarheit zu Klarheit bis zur Ähnlichkeit mit Christus;[122] er ist es auch, der im Inneren der Seele die Quelle des lebendigen Wassers entspringen läßt.[123]

Wir fassen zusammen und betonen: Die Erkenntnis und die Gegenwart Gottes, die am Höhepunkt des geistlichen Lebens aus der Liebe hervorgeht, muß in allen Entwicklungsstufen gesucht und gepflegt werden, denn das ewige Leben, sowohl jenes, über das wir uns im Himmel freuen werden, als auch jenes, das wir schon im irdischen Dasein durch das geistliche Leben beginnen, besteht wesentlich in der Erkenntnis Gottes und der Erkenntnis dessen, den er gesandt hat, Jesus Christus.[124] Diese theoretisch als richtig erkannten Wahrheiten erfahren viele praktische Entstellungen und Minderungen durch viele Menschen, selbst durch großmütige Seelen. Die Aufgaben sind so zahlreich und so dringend und die Apostel so gering an Zahl, daß wir die Notwendigkeit und den Wert des Handelns (heute oft) übermäßig betonen. Schließlich sind wir hauptsächlich damit beschäftigt, unser Handeln jeden Tag noch angepaßter und technisch noch besser werden zu lassen. Gewiß fühlen wir auch das Bedürfnis nach Frömmigkeit und nach einer gewissen Einigung mit Gott. Aber wozu sich Übungen des kontemplativen Lebens widmen, die eine für die Verpflichtungen des Apostolats bereits ungenügende Zeit in Anspruch nehmen würden, die uns den Sinn für die Notwendigkeiten des Lebens in dieser Welt verlieren ließen und wodurch wir uns wahrscheinlich in geistlichen Egoismus einschließen würden? Wir leben nicht mehr in den Zeiten eines solchen Glaubens, wo der Anblick eines gesammelten Mönches genügte, um abgestumpfte Menschen aufzuwecken und sie zu bekehren. Der Apostel muß sich nach den Massen richten, die er erfassen will. Er muß in den Lärm und in die ganze Technik der modernen Welt eintreten. Das also wollen wir; und um diese Vernachlässigung Gottes zugunsten seiner Werke zu rechtfertigen, unterscheiden wir zwischen dem kontemplativen und dem tätigen Leben, zwischen den Verpflichtungen des ersten, wo wir das Recht, wenn nicht gar die Pflicht zu einer gewissen Vernachläsigung haben, und den Verpflichtungen des zweiten, welche die unsrigen sind. Dabei vergessen wir, daß Jesus dreißig Jahre vor seinem öffentlichen Auftreten, das nur drei Jahre dauern sollte, in Nazaret verbracht hat, und wir vergessen, in welcher Abgeschiedenheit Theresia gelebt hat, um ein machtvoller Apostel zu werden. Aber diese Beispiele bezwingen nicht immer unsere hartnäckigen Vorurteile gegen das aktive Bemühen um die göttliche Gegenwart (im Alltag), was wir mit unserer Apostolatstätigkeit verbinden müssen. Denn nur darum geht es. Wir erinnern uns tatsächlich peinlich genau an gewisse Gebetstechniken, die uns kompliziert, unserem Geist wenig angepaßt und deswegen unwirksam und langweilig erschienen. Wenn wir wirklich kontemplativ werden wollen, dürfen wir nicht meinen, dies schon zu sein, nachdem wir gewisse Traktate darüber gelesen haben, die uns den Eindruck von einer zudem gefährlichen Kunst für Spezialisten hinterlassen haben.

Um unser Beten vertiefen zu können, lesen wir einfach, wie Theresia ihr Beten beschreibt:

„Ich sehe mich selbst nur als einen schwachen, kleinen Vogel, der bloß mit leichtem Flaum bedeckt ist; ich bin kein Adler; von ihm habe ich nur die Augen und das Herz, denn trotz meiner äußersten Kleinheit wage ich es, das Auge unverwandt auf die Göttliche Sonne, die Liebessonne zu richten, und mein Herz fühlt in sich all das Sehnen des Adlers ... Der kleine Vogel möchte dieser strahlenden Sonne, die sein Auge entzückt, entgegenfliegen; er möchte es den Adlern, seinen Brüdern, gleichtun, die sich aufschwingen vor seinem Blick bis zum Göttlichen Herd der Heiligen Dreifaltigkeit ... Ach! alles, was er vermag, ist, seine kleinen Flügel zu heben, aber aufzufliegen, das steht nicht in seiner kleinen Macht! ... Muß er vor Gram sterben, weil er so machtlos ist? ... O nein! der kleine Vogel betrübt sich nicht einmal. In einem verwegenen Sichüberlassen will er im Anblick seiner göttlichen Sonne verharren; nichts kann ihn erschrecken, weder Wind noch Regen, und wenn düstere Wolken ihm das Liebesgestirn verbergen, so rührt sich der kleine Vogel nicht von der Stelle. Er weiß ja, daß über den Wolken seine Sonne stets leuchtet ... Jesus, bis hierher begreife ich

deine Liebe zu dem kleinen Vogel, da er sich nicht von dir entfernt ... aber ich weiß, und du weißt es auch, oft bleibt zwar das unvollkommene kleine Geschöpf auf seinem Platz (das heißt unter den Sonnenstrahlen), aber es läßt sich von seiner einzigen Beschäftigung ein wenig ablenken; es pickt ein Körnchen zur Rechten und eines zur Linken, läuft einem kleinen Wurm nach ... trifft dann eine kleine Wasserpfütze und netzt sein kaum entwickeltes Gefieder, sieht eine Blume, die ihm gefällt, und schon beschäftigt sich sein kleiner Geist mit dieser Blume ... kurz, da es nicht wie die Adler in den Lüften schweben kann, beschäftigt sich das arme Vögelchen mit den Belanglosigkeiten der Erde.

Doch statt nach all seinen Missetaten sich in eine Ecke zu verkriechen, um sein Elend zu beweinen und vor Reue zu sterben, wendet sich der kleine Vogel seiner Viel-Geliebten Sonne zu, setzt seine durchnäßten Flügelchen ihren wohltuenden Strahlen aus, seufzt wie die Schwalbe, und in seinem leisen Lied gesteht er, erzählt er seine Treulosigkeiten bis ins einzelne; in der Verwegenheit seiner Hingabe glaubt er, auf diese Weise mehr Macht über Den zu gewinnen, restloser die Liebe Dessen auf sich zu lenken, der nicht gekommen ist, die Gerechten zu rufen, sondern die Sünder ...

Wenn das Angebetete Gestirn für das klagende Gezwitscher seines kleinen Geschöpfes taub bleibt ..., nun, dann bleibt das kleine Geschöpf durchnäßt; es willigt ein, vor Kälte ganz starr zu sein, und freut sich sogar dieses Leidens, das es ja auch verdient hat ...

O Jesus, wie glücklich ist doch dein kleiner Vogel,
schwach und klein zu sein, was würde aus ihm werden,
wenn er groß wäre? ... Niemals hätte er den Mut, sich
deiner Gegenwart zu stellen, vor dir zu schlummern ...
Denn auch das ist noch eine Schwäche des kleinen Vogels.
Wenn er den Blick auf die Göttliche Sonne gerichtet hal-
ten will, und die Wolken ihn daran hindern, auch nur
einen einzigen Strahl zu sehen, dann fallen ihm unwillkür-
lich die kleinen Augen zu, sein kleiner Kopf versteckt sich
unter dem kleinen Flügel, und das arme kleine Wesen
schläft ein und glaubt dabei, seinen Blick noch immer auf
sein Geliebtes Gestirn gerichtet zu halten. Beim Wieder-
erwachen betrübt er sich nicht, sein kleines Herz bleibt
im Frieden, er beginnt sein Amt der Liebe von neuem. Er
ruft die Engel und Heiligen an, die sich wie Adler zum
verzehrenden Feuerherd emporschwingen, wonach er sich
sehnt, und die Adler haben Mitleid mit ihrem kleinen Bru-
der, beschützen, verteidigen ihn und schlagen die Geier
in die Flucht, die ihn zerreißen möchten."[125]

„Das ist ein graziöses Sich-Gehen-Lassen eines
Mädchens, welches das Kind spielt, um eine intellektuelle Armut zu beheben!" werden manche zu
sagen versucht sein. So wie Theresia von Lisieux
Heiligkeit sieht und begründet, ist es uns nicht ge-
stattet, uns bei der Hypothese einer solchen Spiele-
rei aufzuhalten.

Andere werden hier — und vielleicht haben sie
recht — vor allem die Großherzigkeit Theresias sehen, die mit einer ein bißchen ängstlichen Aktivität
bei den kleinen Mitteln Zuflucht sucht, zu denen die

Große Teresa den Anfängerinnen rät, um der Armut ihres Gebetes eine Nahrung zu liefern. Keineswegs darf man die Aktivität der Kleinen Theresia während des inneren Betens leugnen, auch nicht ihre Sorge, ihren Fähigkeiten etwas Ruhe zu verschaffen, indem sie ihnen während dieser schweren Trockenheit ein wenig Luft und Licht sichert. Aber diese Aktivität darf uns das Wesentliche nicht verdecken.

Um das Wesentliche zu finden, lesen wir noch einmal aufmerksam die so anschauliche Beschreibung, die vorausgeht. Zunächst waren wir von den Vorfällen, welche das theresianische Beten zu trüben scheinen, und von der Aktivität, die hier Abhilfe schafft, überrascht; jetzt entdecken wir die Tiefe dieses verinnerlichten Betens, die durch eine einfache und lebendige Haltung der Seele und durch eine beständige Orientierung auf Gott hin zustande kommt. Haltung und Orientierung werden von einem in die Tiefe dringenden und liebenden Schauen geführt und erleuchtet. Der Blick ist unablässig auf die göttliche Sonne gerichtet, die Theresia fasziniert hat. Auffällige Vorkommnisse sind sicher wichtig, aber doch zweitrangig. Das Schauen bestimmt das innere Beten und ist sein wesentliches Element. Tatsächlich gibt es da ein Spiel, das Spiel dieses Blickes, das alles benützt, Stärke und Schwäche, Trockenheit und Tröstungen, Zerstreuungen und Schlaf, um seine Beständigkeit zu beweisen und die Liebe auszudrücken, mit der er angereichert ist.

Spiel der Liebe, das vom Göttlichen zum Menschlichen geht und auch wieder zu seiner Quelle zurücksteigt; Spiel des lebendigen Glaubens in der Armut und der Geschmeidigkeit eines Kindes, das inmitten der Unruhen und Schwächen, die ihm seine völlige Menschwerdung wert sind, auf sein göttliches Gegenüber geheftet bleibt.

Theresia sagt selbst, daß es die Liebe ist, die diesen Blick fesselt. Sicher ist es ebenfalls die Liebe, die ihn bis zu diesem Punkt vereinfacht hat. Und so stellen wir mit großer Überraschung fest, daß dieses so beschriebene Schauen die Definition der Kontemplation auf den Buchstaben genau verwirklicht, die uns Thomas von Aquin gegeben hat und die durch seine Kommentatoren vervollständigt wurde: „Simplex intuitus veritatis sub influxu amoris — ein einfacher Blick (ein einfaches Schauen) auf die Wahrheit unter dem Einfluß der Liebe."[126] Die Definition zeigt uns, daß die Kontemplation als wesentliches Element nur das einfache Schauen aufweist. Demzufolge erscheint all das, womit wir uns beladen haben und wovon wir glaubten, daß es für die Kontemplation notwendig sei, wie blendende Erleuchtungen, gefühlsergreifende Empfindungen, sogar Entzückungen und Ekstasen, nicht mehr zu sein als Ornamente, zweitrangige Elemente. Die Kontemplation muß all diesen Ballast abwerfen, um wesentlicher und vollkommener sie selbst zu werden und dadurch aber auch reiner und höher.

Wir sehen also, daß das anpassungsfähige und

graziöse Spiel mit Gott, dem wir kaum den Namen eines Gebetes zu geben wagten, echte Kontemplation ist, und zwar von Qualität, weil sie in sich die klassische Definition vollkommen verwirklicht. Theresias Kinderblick ist ein Blick hoher Kontemplation. Suchen wir nicht anderswo als in dem von Theresia beschriebenen Schauen eine gelungenere und lebendigere Darstellung von der absoluten Wahrheit über die Kontemplation. Die theresianische Einfachheit führt uns zu ihr!

Welches Licht und welche Ermutigung steckt für uns in dieser Sicht und in dieser Feststellung! Ja, im inneren Beten Theresias finden wir etwas vom unsrigen wieder. Auch das unsrige ist armselig, der Unruhe unserer Veranlagungen unterworfen, getrübt durch die Zerstreuungen und Leidenschaften, gelähmt durch die Schwäche, die Trockenheiten, vielleicht gar durch den Schlaf. Diese Schwachheiten lassen uns an einen Mißerfolg glauben. Doch dem ist nicht so. Was aber fehlt unserem Beten, damit es vollständig jenem Theresias gleicht und wirklich kontemplativ ist? Untersuchen wir es einen Augenblick mit der uns vertrauten kontemplativen Einsicht. Dabei entdecken wir zweifellos, was wir benötigen, um der kleinen Heiligen vollkommen nachzufolgen: eine Demut, die durch nichts entmutigt wird, eine Ausdauer im Schauen, die in allem das göttliche Gegenüber wiederfinden will, und die Einfachheit und Reinheit eines Kindes.

Setzen wir unsere Untersuchung fort! Die Einfachheit birgt weit mehr.

Mystisches Leben

Jedes tief geistliche Leben ist mystisches Leben.

Das ist die zweite durch die theresianische Unterweisung bekräftigte Wahrheit.

Die theresianische Spiritualität ist auf eine Wahrheit mit zwei Leitgedanken gegründet, nämlich auf das Unvermögen des Menschen und auf das Verlangen der göttlichen Liebe, sich mitzuteilen. Sie anerkennt die Notwendigkeit des persönlichen Tuns, zwar nicht in dem Sinn, daß es aus sich selbst etwas bewirken könnte, sondern als Beweis von gutem Willen und Liebe. An erster Stelle steht Vertrauen und Hingabe, weil diese Haltungen das Sich-Verströmen der göttlichen Liebe herausfordern. Vom Beginn des geistlichen Lebens an ist allein wichtig, sich wie ein kleines Kind hinzugeben. Darin liegt alles. In einem anmutigen Vergleich erklärt Theresia, welchen Anteil in dieser Aufwärtsbewegung Gott und welchen Anteil die Seele hat:

,,Weil (das Kind) absolut das obere Ende einer Treppe erreichen will, um seine Mama wiederzufinden, hebt es seinen kleinen Fuß, um die erste Staffel zu erklimmen. Vergebliche Mühe! Es fällt immer wieder zurück, ohne vorankommen zu können. Nun gut! Seien Sie dieses kleine Kind! Durch die Übung aller Tugenden heben Sie immer

*Ihren kleinen Fuß, um die Treppe der Heiligkeit hinaufzu-
steigen, bilden Sie sich dabei aber nicht ein, daß Sie auch
nur die erste Staffel erklimmen können! Nein! Aber der
liebe Gott verlangt von Ihnen nichts anderes als den guten
Willen. Am oberen Ende der Treppe schaut er Sie mit Liebe an. Bald wird er, durch Ihre vergeblichen Versuche ge-
rührt, selbst herabsteigen und Sie, indem er Sie auf seine
Arme nimmt, für immer forttragen in sein Reich, wo Sie
ihn nicht mehr verlassen werden."*[127]

Das hat Theresia erfahren: All ihre Anstrengungen
sind bis zu dem Augenblick umsonst gewesen, in
dem die Arme Jesu, ihr göttlicher Aufzug, sie emporgehoben und in die Seelenhaltung gebracht haben, die sie wünschte. Sie ist überzeugt, daß sie aus
sich heraus zu nichts fähig war. Auch als man ihr
am Ende ihres Lebens sagt: „Wahrhaftig, Sie sind
eine Heilige!", antwortet sie mit Überzeugung:

*„Nein, ich bin keine Heilige; ich habe nie die Taten der
Heiligen vollbracht. Ich bin eine ganz kleine Seele, die
der liebe Gott mit Gnaden überhäuft hat … Was ich sage,
ist die Wahrheit. Im Himmel werden Sie es sehen."*[128]

Weil das mystische Leben jenes ist, in dem das un-
mittelbare Handeln Gottes vorherrscht, ist es klar,
daß für Theresia geistliches Leben und mystisches
Leben eine Einheit bilden. Sie versteht das geistliche
Leben als ausschließlich von der göttlichen Liebe
geführt und bewirkt. Hier weist uns Theresia einfach auf die Unterweisung durch das Evangelium
hin. Als Jesus nach dem Letzten Abendmahl den

Aposteln das verborgene Geheimnis seiner Einigung mit ihnen enthüllt hat, sagt er: „Ich bin der Weinstock, ihr seid die Rebzweige."[129] Und er legt dar, daß wir ein Teil Christi sind und von unserer Vereinigung mit ihm leben. Der vom Weinstock getrennte Rebzweig ist nichts anderes als trockenes Rebholz; ebenso verlieren wir, wenn wir von Christus getrennt sind, vom übernatürlichen Standpunkt aus gesehen, unser Leben. Das Gesetz des Seins ist auch das des übernatürlichen Handelns: ohne ihn können wir nichts tun, aber in ihm und durch ihn bringen wir viele Frucht. Aus dieser Zugehörigkeit zu Christus, die Sein in Christus bedeutet, zieht Paulus harte Folgerungen: *„Niemand kann sagen, Jesus ist der Herr, außer im Heiligen Geist."*[130] *„Gott ist es, der in euch das Wollen und das Vollbringen bewirkt."*[131] Und schließlich vom praktischen Standpunkt aus gesehen und auf den geistlichen Weg bezogen: *„Es kommt also nicht auf das Wollen oder das Laufen an; alles hängt ab vom göttlichem Erbarmen."*[132]

Durch die Feststellungen von Jesus, Paulus und Theresia erfahren wir geistlicherweise das souveräne und ausschließliche Wirken Gottes auf übernatürlichem Gebiet. Es schließt alle Arten praktischer Konsequenzen ein.

Unsere Überraschung über die dargelegten Glaubenswahrheiten zeigt uns, daß sie im Verständnis vieler Menschen verschwommen und in ihrem Wert praktisch herabgesetzt sind. Tendenzen großer Betriebsamkeit im geistlichen Leben, durch Stolz bedingt, hat man gepflegt, ebenso eine Angst vor einer quietistischen Haltung, die vor lauter Übertreibung krankhaft geworden ist. Sie haben beide den Wert der persönlichen Anstrengung hervorgehoben und haben eine übermäßige Betonung der Askese bewirkt, so daß man alle Menschen in Ungewißheit ließ über das Verhältnis zwischen göttlicher und menschlicher Kraft im geistlichen Leben. Auch ließ man sie im Ungewissen über den Vorrang des göttlichen Wirkens, das jederzeit aus der Aktivität der Seele eine einfache Mitarbeit macht. Die unmittelbaren Eingriffe Gottes wurden systematisch an die höchsten Regionen des geistlichen Lebens gebunden. Man hat sie als außergewöhnliche und für gewöhnlich als verdächtige Fälle dargestellt bis zu dem Punkt, daß der bescheidenste dieser Eingriffe, wie etwa inneres Beten, genügte, um zu erschrecken, oder, was noch gefährlicher ist, eine naive und insgeheim stolze Bewunderung hervorzurufen, sowohl bei dem Menschen guten Willens, der davon begünstigt war, wie auch bei dem, der beauftragt war, ihn aufzuklären und zu führen.

Die praktische Verkennung der tatsächlichen Gegebenheiten des geistlichen Problems hatte noch schwerwiegendere, wenngleich allgemeinere Konsequenzen. Man ließ die Menschen in Ungewißheit über das Verlangen der göttlichen Liebe und über ihre Bedeutung, die ihr normalerweise für unsere Heiligung zukommt. Den Menschen wurde praktisch vorenthalten, wie nötig Glauben und Hoffen sind. Sie lösen nämlich göttliche Anregungen aus und ermöglichen es, sie sich nutzbar zu machen. Die Menschen waren nicht einmal mehr zu einem entschlossenen Einsatz, sich in den Tugenden zu üben, bereit, denn dadurch, daß man die großen Ziele zerstört hat, tötete man auch die Möglichkeit zu mutigem Verzicht und Einsatz. Die Askese der Liebe von Theresia ist aktiver als viele Arten der Askese zur Erlangung der Tugend. Man hat durch (falsch verstandene) Askese die normale Entfaltung des Wirkens Gottes in den Seelen verhindert und das Aufblühen ihres geistlichen Lebens aufgehalten.

Indem die Unterweisung Theresias uns die Wahrheit über das Verlangen Gottes und über sein dominierendes Wirken auf dem Weg zu ihm aufdeckt, befreit und rechtfertigt sie die großen Sehnsüchte und öffnet sie alle weiten Horizonte der christlichen Vollkommenheit. Auch verpflichtet sie uns, das weite Feld christlicher Vollkommenheit als zugänglich und als das unsere anzusehen, wie groß unsere Schwachheit auch sein mag. Um wirklich und ohne Überheblichkeit dorthin zu gelangen, *„genügt es, sein Nichts zu erkennen und sich wie ein Kind Gott in die Arme zu werfen"*[133].

Keine Notwendigkeit außerordentlicher Gunsterweise

Außerordentliche Gunsterweise und trostvolle Erfahrungen bilden keinen wesentlichen Bestandteil des mystischen Lebens.

Und hier die dritte ermutigende Wahrheit, welche die theresianische Unterweisung uns schenkt! Stellen wir zuerst fest, daß der geistliche Mensch wie das Kind nach übernatürlich Wunderbarem verlangt, weil das Wunderbare die Dunkelheit des Geheimnisses für einen Augenblick zu vertreiben und den Schleier über den übernatürlichen Wirklichkeiten, die der Mensch liebt, aufzuheben scheint. Heiligenbeschreibung hat sich auch lange Zeit hindurch darin gefallen, diesen Geschmack zu kultivieren, indem sie im Leben der Heiligen die Gunsterweise unterstrich, deren sie umsonst teilhaft wurden, und mit betontem Wohlgefallen die erbaulichen Legenden sammelte, deren poetischer Reiz den einzigen Wert darstellte.

Das (außergewöhnlich) Wunderbare hat schon seinen Platz im geistlichen Aufstieg. Die Wohnungen der *Inneren Burg* von Teresa von Avila sind wie die Etappen ihres Lebens durch äußere Gnaden abgesteckt, die zugleich die Gnade des jeweiligen Lebensabschnitts symbolisieren und mitteilen. Tatsächlich finden wir im Leben der kanonisierten Heiligen diese Gunsterweise ziemlich häufig; damit erscheint die Überzeugung bis zu einem gewissen

Grad gerechtfertigt, daß, auch wenn keine Verbindung zwischen mystischem Leben und außerordentlichen Gnaden besteht, diese doch untrennbar sind.

Theresia versicherte, sie sei vor allem anfangs durch den an sie ergangenen Ruf zur hohen Heiligkeit zu außergewöhnlichen Dingen geführt worden:

,,Als ich anfing, die Geschichte Frankreichs kennenzulernen, entzückte mich der Bericht von Jeanne d'Arcs Heldentaten. Ich fühlte in meinem Herzen den Wunsch und den Mut, ihr zu folgen. Es schien mir, der Herr habe auch mich zu großen Dingen ausersehen.''[134]

Ihre Sehnsüchte täuschten sie nicht, aber eine innere Eingebung, die sie als eine der größten Gnaden ihres Lebens bezeichnete, befreite sie von der Versuchung, die durch Jeanne d'Arc auf sie zukam, und brachte sie auf ihren Weg:

,,Der liebe Gott ließ mich erfassen, daß der wahre Ruhm der ist, welcher ewig dauert, und daß es, um dahin zu gelangen, nicht nötig ist, glänzende Taten zu vollbringen, sondern sich zu verbergen und die Tugend zu üben, so daß die linke Hand nicht weiß, was die rechte tut ...''[135]

Diese Erkenntnis wird wie alle tiefen übernatürlichen Erleuchtungen fortschreitend seine Wirkungen zeigen und ihre Forderungen so weit auferlegen, daß sie ein beherrschender Zug in der theresianischen Spiritualität wird. Gott selbst wird sie Wirklichkeit werden lassen.

Theresia empfängt fast keine außerordentlichen Gunsterweise und keine solchen, welche der Aufmerksamkeit der Umgebung auffallen könnten. Die wunderbare Heilung durch das Lächeln der Allerseligsten Jungfrau wird ihr zu einer Ursache des Leidens, weil sie davon erzählen mußte, nachdem ihre Umgebung das vermutet hatte. Abgesehen von einigen Gnaden der Vereinigung und den Erleuchtungen, die sie für gewöhnlich auf dem Grunde ihrer Seele vorfindet, gibt es in ihrer mystischen Erfahrung nur Trockenheiten, Dunkelheit, Unvermögen, oder eher jenes Halbdunkel, diese Ruhe des „unterirdischen Ganges, wo es weder kalt noch warm ist, wohin kein Sonnenstrahl dringt, weder Regen noch Wind"[136].

Äußerlich ist es ein gewöhnliches Leben, dem kein wichtiges Ereignis besondere Auffälligkeit verleiht.

Theresia nimmt mit Liebe ihre Führung durch den Meister an und auch den Weg, den er ihr auferlegt. Sie macht sich den gewöhnlichen Weg zu eigen, der ihr sehr teuer ist. Sie schenkt den außergewöhnlichen Gnaden so wenig Aufmerksamkeit, daß es, als sie einmal zu Mutter Agnes von der Liebeswunde[137] spricht, dem Zufall einer Unterhaltung zu verdanken ist, der uns zeigt, daß sie das erfahren hat, was Teresa von Avila den Geistesflug nennt.[138] Allen Erleuchtungen über den Glauben zieht sie die Einsichten über ihr Nichts vor, allen Ekstasen die Freude über das verborgene Opfer, dem Licht die

Dunkelheit; gegenüber allen äußeren Kundgaben bevorzugt sie den dichten Schleier, der ihr tiefes Innenleben völlig verdeckt; und selbst was das Eingehen in die Gottesschau von Angesicht zu Angesicht angeht, erscheint ihr der Tod Jesu am Kreuz begehrenswerter als die wonnevollen Empfindungen der Liebe.

In bezug auf die äußeren Handlungen und die Ereignisse ihres Lebens, selbst die wichtigsten, gilt: Sie müssen nach außen hin so erscheinen, daß sie jedermann so wie Theresia ausführen kann. Durch die Treue gegenüber der Gnade kommt Theresia dahin, sowohl das Tun Gottes wie auch den Heroismus ihrer Tugend unter dem Schleier der Einfachheit so gut zu verbergen, daß ihr Leben ganz gewöhnlich erscheint und dem Blick eines Zeugen „nichts bietet, was der Mühe wert wäre, erzählt zu werden"[139].

Theresia achtet übrigens sehr darauf, keine innere Gnade der äußeren Einfachheit zu opfern. Eines Tages macht sie folgende bemerkenswerte Äußerung:

„Es lohnt sich nicht, daß das in Erscheinung tritt, außer wenn es dies tatsächlich gibt. *Unser Herr ist in Todesängsten am Kreuz gestorben,* und Sie sehen, wie hart sein Todeskampf gewesen ist."[140]

Ist der Verzicht darauf, sich hervorzutun, nicht von dem Verlangen getragen, die Wirklichkeit intensiver zu leben? Folgendes scheint darauf hinzuweisen: Theresia ist vom Leben in Nazaret gleichsam als Ideal ihres inneren Lebens angezogen. Die Salbung der Gottheit kann tatsächlich fortschreitend ihre Macht in der Menschheit Christi in Nazaret entfalten; die Fülle der Gnade kann sich unaufhörlich in Maria entwickeln, ohne daß die Augenzeugen eine außergewöhnliche Ausstrahlung der unaussprechlich reichen inneren Vorgänge wahrnehmen konnten. Maria hat zweifellos unter der göttlichen Last, die sich am Tag der Verkündigung in ihre Seele senkte, mit all ihren Fähigkeiten gebebt. Warum sollten wir annehmen, daß sie bis zur Ekstase erschüttert war? Sicherlich war das alltägliche Leben von Jesus und Maria so gewöhnlich, daß ihre Landsleute Anstoß daran nahmen, als Jesus zu ihnen von seiner göttlichen Sendung sprach. Der übernatürliche Instinkt, der Theresia auf Nazaret hinlenkte, täuschte sie nicht. Sie entdeckte dadurch tatsächlich, den Wirklichkeitsanspruch des alltäglichen Lebens ganz unter dem völligen Ergriffensein von Gott zu leben, ohne daß dies äußerlich auffiel. Das Leben von Jesus und Maria ist die lebendige Verdeutlichung und die Bestätigung höchsten mystischen Lebens, das vollständig frei ist von äußeren Anzeichen, das heißt eines Lebens, in dem jedes mystische Phänomen fehlt. So wird durch den Sachverhalt an sich das Wesen des mystischen Lebens charakterisiert, das allein im Ergriffensein von Gott begründet ist, unabhängig von jedem äußeren Phänomen. Theresia hatte die Erfahrung von Nazaret nötig, um ihre Intuitionen zu festigen; und auch wir brauchen diese Erfahrung, damit wir uns auf das Wagnis des Glaubens einlassen.

Kann man nicht noch weitergehen? Bedeutet die Vereinfachung des mystischen Lebens, zurückgeführt auf seine Grundbedingung durch die Ausschaltung aller zweitrangiger Elemente, was äußere Phänomene sind, nicht eine Läuterung? Ein so vereinfachtes Leben wäre also reiner und höher. Das Leben von Nazaret deutet das an. Versuchen wir, Gewißheit darüber zu erlangen.

Uns wird klar, daß im mystischen Leben die Wirklichkeit oder das Sein etwas anderes ist als das äußere Erscheinen oder das mystische Phänomen. Der Getaufte kann die schöpferische Gnade, die er empfängt, nicht fühlen, weil Gott die tiefen übernatürlichen Umgestaltungen wirken kann, ohne daß sein Wirken sichtbar wird. Die Sinne und das psychologische Bewußtsein, die das anzeigen, sind sehr weit von jenen Regionen entfernt, in denen sich übernatürliche Wunder vollziehen. Es ist wahr, daß die außergewöhnlichen Eingießungen der Liebe für gewöhnlich einen Schock in den natürlichen Fähigkeiten hervorrufen; Gott kann auch die wahrnehmbaren Wirkungen begrenzen, wie wir wissen; und eine naturhafte oder durch die Läuterung der inneren Nacht erworbene Fügsamkeit der Fähigkeiten schränkt die äußeren Kundgebungen ein oder hält sie auf. Sie beugen sich dem göttlichen Wirken widerstandslos wie das reife Getreide im Wind. Johan-

nes vom Kreuz beschreibt erstaunlich gut das
Nichtvorhandensein mystischer Phänomene:

„Wir sehen, daß der durch das Fenster eintretende Sonnenstrahl um so weniger in die Augen fällt, je reiner und
freier er von Stäubchen ist; er wird aber um so deutlicher
dem Auge sichtbar, je mehr die Luft von Stäubchen und
Fäserchen durchtränkt ist. Der Grund dafür ist der, daß
das Licht nicht für sich selbst leuchtet, sondern das Mittel
ist, wodurch alle anderen Dinge, auf die es seinen Schein
wirft, in den Gesichtskreis treten. Und erst durch das Zu-
rückprallen von den Gegenständen, die es bescheint, wird
es dem Auge sichtbar; wenn es dieselben nicht bescheinen
würde, könnte man es nicht wahrnehmen. Wenn auf diese
Weise der Sonnenstrahl durch das Fenster eines Zimmers
eintreten, dasselbe durchqueren und durch ein anderes,
gegenüberliegendes Fenster wieder heraustreten würde,
so daß es an keinen Gegenstand stieße, noch an einem lie-
gen bliebe, noch Stäubchen fände, die dasselbe zurück-
werfen, so würde das Zimmer nicht heller sein als vorher,
noch könnte man den Strahl sehen. Vielmehr tritt, wenn
wir genau Obacht geben, noch größere Dunkelheit ein,
da er in etwa das andere Licht verdrängt und verdunkelt,
und man sieht ihn nicht, da sich, wie schon erwähnt, keine wahrnehmbaren Gegenstände finden, von denen sein
Licht zurückprallt. Das gleiche bewirkt auch in der Seele
der göttliche Lichtstrahl der Beschauung.“[141]

Der Darstellung des Doctor mysticus entnehmen
wir eine zweifache Behauptung. Erstens: das göttliche Licht und seine Wirkungen sind um so weniger
fühlbar, je höher sie sind und je reiner die Seele ist,

die es aufnimmt; zweitens: weil dieses Licht oder göttliche Wirken sehr hoch ist, verursacht es dadurch einen gewissen Eindruck von Entzug oder Dunkelheit, daß es die natürlichen Kräfte in Kraftlosigkeit versetzt. Fassen wir zusammen: Ein negatives Empfinden (Dunkelheit oder Unvermögen) ist das einzige, was die Eingriffe oder die direkten Zugriffe Gottes begleitet, wenn sie sehr hoch sind und wenn sie sich in einem ganz reinen Menschen vollziehen. Aus dieser Unterweisung können wir folgern, daß die Abwesenheit von jedem äußeren Phänomen (spürbarer Schock oder wonnevolle Tröstung) in einem wirklich mystischen Leben zu einem Hinweis auf die hohe Qualität der göttlichen Mitteilungen wird. Es ist also nicht notwendig, zum Wunder Zuflucht zu nehmen, um den gewöhnlichen und einfachen Aspekt des Lebens von Nazaret zu erklären; es genügt, von Gott im Sein, in einem lauteren Wesen und in entschlossener Fügsamkeit völlig eingenommen zu sein.

Werden wir es wagen, die mystische Erfahrung Theresias in Beziehung zu bringen zu jener von Jesus und Maria? Warum nicht? Es handelt sich nicht darum, beide auf derselben Ebene zu vergleichen, sondern darum, sie im Verständnis derselben Grundanliegen klarer zu sehen. Das ist um so eher möglich, als die Kleine Heilige selbst diese Gegenüberstellung gewagt hat und weil uns ihre Erfahrung viel vertrauter ist als die von Maria. Nun, Theresia ergeht es so: Ihr werden keine außergewöhnlichen Gnaden zuteil und gleichzeitig lebt sie mit dem ständigen Eindruck von Ohnmacht und Dunkelheit. Bei ihr finden wir also die beiden einander zugeordneten Merkmale, die gemäß Johannes vom Kreuz auf hohe göttliche Mitteilungen und auf die Reinheit der Seele, die sie empfängt, hinweisen. Sie verraten ein sehr hohes mystisches Leben. So gesehen, erklärt sich uns im geistlichen Leben von Theresia alles: sowohl die geistliche Vielfalt, die ihre Armut weitergibt, als auch die Erleuchtungen, die auf ihre Einfachheit zurückzuführen sind. Wir verstehen, warum ihr die Armut im Geiste so wertvoll ist und warum sie Erfahrungen, die noch mehr verinnerlichen, allen anderen Erleuchtungen vorzieht; Broterwerb einer Liebe, der sie immer neue Zärtlichkeitserweise entlockt. Gott fährt fort, ihre Armut — ein Zeichen besonderen Vermögens — mit seinen besten Gaben zu bereichern.

All das auszudrücken, was die Einfachheit des mystischen Lebens von Theresia uns selbst bringt, ist unmöglich. Versuchen wir immerhin eine Zusammenfassung, indem wir Theresias genaue Vorstellung vom mystischen Leben wiedergeben: Einerseits wird es auf ein Eingreifen Gottes zurückgeführt, andererseits bedeutet es für die in Dunkelheit eingetauchten Seelen eine wertvolle Ermutigung, indem Theresia zeigt, daß die fühlbarsten mystischen Erfahrungen nicht zugleich auch die höchsten sind. Schließlich und vor allem öffnet Theresia der geistlichen Theologie, die bisher durch das Studium der mystischen Phänomene oder durch die positiven und trostvollen Erfahrungen der Gaben des Heiligen Geistes aufgehalten war, ein immenses und beinahe unbekanntes Feld: jenes der negativen Erfahrung oder geistlichen Armut. Das ist zweifelsohne die häufigste und beständigste Erfahrung von Gott und gleichzeitig der aufschlußreiche Anzeiger höchster mystischer Lebensvorgänge. Die recht verstandene Einfachheit muß wohl viele gängige Vorstellungen über das mystische Leben korrigieren; zugleich ist sie fähig, den Studien der geistlichen Lehrer Richtung für ein neues Verständnis zu weisen; auch vermag sie auf sehr glückliche Weise zum Wohl der Menschheit beizutragen.

Hohe Heiligkeit lebbar für jeden Christen

Theresia zeigt hohe Heiligkeit als für alle Christen lebbar auf und verbreitet sie.

Diese Feststellung ist eine Folgerung der vorausgegangenen Aussagen. Sie läßt uns zum Schluß kommen.

Mit Hilfe von Theresia entdecken wir die lebendige Liebesglut des göttlichen Erbarmens, die ihre Flammen ausbreiten will, deren Freude es ist, sich zu schenken, und die sich nur darüber beklagt, keine Seelen zu finden, die zustimmen, sich ganz verbrauchen zu lassen. Damit zeigt uns Theresia den Heilswillen Gottes, der brennende und wirksame Realität ist. Sie versichert: Die göttliche Liebe erwartet unsererseits nur eine Haltung von Vertrauen und Hingabe, um ihrem Verlangen, sich auszubreiten, zu entsprechen und um uns völlig „zu verzehren". An Hand dieser Gewißheit stellt uns Theresia das Von-Gott-Ergriffensein und die Umwandlung durch die Liebe als Wirklichkeiten vor Augen, die nicht mehr (unerreichbar) fern sind, sondern allen Menschen zugänglich; besser noch, sie zeigt uns das Ergriffenwerden von Gott und die Umgestaltung durch ihn als eine von der Liebe, mit der Gott uns umgibt, geforderte Antwort und demnach als Pflicht für jeden Christen, der sein Christsein uneingeschränkt leben und das so wesentliche Liebesgebot erfüllen will. Theresia läßt die vollständige Erfüllung dieses Gebotes in den Verpflichtungen des alltäglichen Lebens Gestalt annehmen; auch befreit sie das mystische Leben und die Umwandlungen, die es bewirkt, von allem, was auffällig ist und nach außen als sonderbar darstellt. Damit zeigt sie, daß höchstes geistliches Leben in jeder Umgebung und in allen Lebenslagen verwirklicht werden kann, und zwar unter einem Schleier, den sich die Einfachheit webt, um die ihr eigenen Werte zu verbergen.

Wir sehen bei vielen Menschen unserer Tage eine starke Sehnsucht nach Gott, ein brennendes Verlangen nach dem Absoluten, den Wunsch nach einem wahrhaft christlichen Leben und das verborgene Streben nach Heiligkeit. Es sind Menschen, die in unseren Tagen groß geworden sind und das Wirken zerstörerischer Kräfte erfahren haben. Gleichzeitig erfahren wir, wie die theresianische Botschaft aufgenommen wird; wir hören von den Hoffnungen, die daran geknüpft werden, vom Werk, das dadurch schon verwirklicht wurde, und von Worten der Erneuerung und einer geistlichen Renaissance, die diesbezüglich gefallen sind. In all dem scheint die erbarmungsvolle Absicht Gottes für unsere Zeit sichtbar zu werden.

Unserer raffinierten und übersättigten Zivilisation, die den Sinn für das Unendliche verloren hat und die darunter leidet, hat Gott ein Kind geschickt. Dieses Kind wiederholt mit dem Charme und der leuchtenden Reinheit seiner Einfachheit die ewige Botschaft von seiner Liebe: Gott hat uns aus Liebe geschaffen, seine Liebe bleibt lebendig und wird wegen unserer Verlassenheit noch viel glühender; er wartet darauf, daß wir ihn wie Kinder lieben und daß wir uns wie ganz kleine Kinder lieben lassen.

An jeden Wendepunkt der Geschichte stellt der Heilige Geist einen Führer; jeder neu entstehenden Zivilisation gibt er einen Lehrer, der damit beauftragt ist, seine Botschaft zu verbreiten. So hat die Kirche einen Augustinus gehabt, einen Benedikt, einen Franz von Assisi und Dominikus, eine Teresa von Avila, einen Ignatius und viele andere. An die Schwelle unserer neuen Welt, die sich größer und mächtiger anmeldet als die vorausgegangene, weil sie das Universum umfaßt und erobert hat, die allerdings in sich auch mehr gequält und geteilt ist, hat Gott Theresia vom Kinde Jesus gestellt. Sie offenbart seine göttliche Liebe und lädt die Menschen zur Gegenliebe ein; sie sammelt eine unzählige Schar kleiner Seelen, welche die göttliche Liebe erfahren haben und fähig sind, sich den harten Auseinandersetzungen zu stellen. Es ist immer gefährlich zu prophezeien. Aber heißt es denn prophezeien, wenn wir unser aller Ahnung zum Ausdruck bringen und unsere Überzeugung, die sich auf das bereits vollbrachte Werk stützt, auf das weite Wirkungsfeld — das ganze Universum —, auf die Macht und die Reinheit des hervorgebrachten Lichtes? Heißt es prophezeien, wenn wir behaupten, daß Theresia zu den großen geistlichen Lehrern der Kirche gehören wird? Ja, sie ist bereits eine von ihnen und gehört zu den mächtigsten Seelenführern aller Zeiten.

Lebensdaten von Theresia von Lisieux

1873   2. Januar: Geburt in Alençon
        1. April: Taufe

1877   28. August: Tod der Mutter
        15. November: Umzug nach Lisieux in das
        Haus „Les Buissonnetts"

1881   3. Oktober: Halbpensionärin in der Abtei-
        schule

1883   13. Mai: Pfingsten — Heilung von schwe-
        rer Krankheit

1884   8. Mai: Erstkommunion
        14. Juni: Firmung durch Bischof Hugonin
        in Bayeux

1886   März: Theresia verläßt die Abteischule
        25. Dezember: nach der Mitternachtsmesse
        „Gnade der Bekehrung"

1887   31. August: Bekehrung und Hinrichtung
        des Mörders Pranzini
        29. Mai — Pfingsten: Vater Martin erlaubt
        Theresia den Eintritt in den Karmel
        29. November: Papstaudienz; Theresia bit-
        tet Leo XIII. um Erlaubnis zum Eintritt in
        den Karmel

1888	9. April: Eintritt in den Karmel von Lisieux
	28. Mai: P. Pichon wird Theresias geistlicher Berater
1889	10. Januar: Einkleidung
	12. Februar: Vater Martin muß in die Nervenheilanstalt nach Caen gebracht werden.
1890	8. September: feierliche Profeß
1891	Oktober: Exerzitien mit Pater Alexis Prou
1893	20. Februar: Wahl von Mutter Agnès de Jésus zur Priorin
	September: Theresia bittet um Verlängerung ihres Aufenthalts im Noviziat
1894	29. Juli: Tod des Vaters
1895	Januar: Beginn der selbstbiographischen Aufzeichnungen
	9. Juni: Weihe an die Barmherzige Liebe (zusammen mit Céline)
1896	21. März: Wahl von Mutter Marie de Gonzague zur Priorin
	2./3. April: in der Nacht zum Karfreitag erster Blutsturz
	5. April: Beginn der Glaubensprüfung

1897   April: Schwere Erkrankung

6. April: Beginn der Aufzeichnungen „Letzte Gespräche" durch Mutter Agnès de Jésus, Schwester Geneviève und andere

Mai: Befreiung vom Choroffizium und von allen Ämtern

8. Juli: Umzug ins Krankenzimmer

19. August: letzter Kommunionempfang

30. September: Nach einem zwei Tage dauernden Todeskampf stirbt Theresia gegen 19.30 Uhr

Verwendete Literatur/Abkürzungen

Deutsche Ausgaben

B   = „Briefe der heiligen Therese von Lisieux", Johannes-Verlag Leutesdorf 1976

G   = „Gedichte der heiligen Theresia von Lisieux", Johannes-Verlag Leutesdorf 1990

JvK   = Johannes vom Kreuz, „Sämtliche Werke", Kösel-Verlag München 1957

LG   = „Ich gehe ins Leben ein", Letzte Gespräche der Heiligen von Lisieux, Johannes-Verlag Leutesdorf 1979

MST   = Céline Martin, „Meine Schwester Therese", Verlag Herold Wien — München 1961

PME   = P. Marie-Eugène de l'Enfant Jésus O. C. D., „Ich will Gott schauen", Band I—III, Thomas-Morus-Verlag Basel 1953 (vgl. Französische Ausgabe PME „Je veux voir Dieu")

RR   = Raymonde Regue, „P. Marie-Eugène Grialou — Karmelit und Gründer eines Säkularinstituts", Kaffke-Verlag München 1982

SS = Therese vom Kinde Jesus, „Selbstbio-
   graphische Schriften", Johannes Verlag
   Einsiedeln 1958

TvA = Teresa von Avila, „Sämtliche Schriften
   der heiligen Theresia von Jesus", Kösel-
   Verlag München 1960

Französische Ausgaben

AL = „Annales de Sainte Thérèse", revue
   mensuelle, Lisieux

CG = „Correspondance Générale", 2 tomes,
   Cerf-DDB, Paris 1979

DCL = „Documentation du Carmel de Lisieux"

DE = „Derniers Entretiens" et volume d'„Annexes", Cerf-DDB, Paris 1971

DESC = P. Descouvment, „Une novice de Sainte
   Thérèse", Cerf, Paris 1985

PA = „Procès Apostolique" (1915—1917), Teresianum, Roma 1976

PME = P. Marie-Eugène de l'Enfant Jésus O. C. D.,
   „Je veux voir Dieu", Editions du Car-
   mel, Tarascon 1956
   („Je veux voir Dieu" ist nur teilweise ins
   Deutsche übersetzt; Zitate der nicht über-
   setzten Teile wurden nach der französi-
   schen Ausgabe angegeben. Eine deutsche
   Gesamtausgabe ist in Vorbereitung)

PO = „Procès Ordinaire" (1910—1911), Teresianum, Roma 1973

VT = „Vie Thérèsienne", revue trimestrielle, Lisieux

Anmerkungen

Vorwort

1 Im April 1991 hat das Generalkapitel der Unbeschuhten Karmeliten beim Heiligen Stuhl um die Ernennung der heiligen Theresia zur Kirchenlehrerin eingegeben.
2 SS 66.
3 LG 146.
4 Ausgabe zum 100. Geburtstag der heiligen Theresia, besorgt von einer Arbeitsgruppe, Verlag Cerf-DDB: *Correspondance Générale* (1972—1973), *Poésies* (1979), *Théatre au Carmel* (1985), *Derniers Entretiens* (1971), *Prières* (1989).
5 „L' Aveyron" ist ein Departement in Südfrankreich.
6 Konferenz von Bordeaux, 18. Mai 1958 (nicht veröffentlicht).
7 Konferenz von Bordeaux, 17. Mai 1958 (nicht veröffentlicht).
8 1985 eröffnet.
9 Seligsprechung von P.-F. Jamet, Rom, 10. Mai 1987.
10 Säkularinstitut Notre-Dame de Vie, 1932 in Südfrankreich im historischen Marienwallfahrtsort Notre-Dame de Vie gegründet; ein Institut mit karmelitanischer Spiritualität.
11 Vgl. „Ich werde beim Vater genügend Lärm machen ...", Einleitung, S. 22.
12 Vgl. Kapitel „Inhalt der theresianischen Botschaft", S. 133.
13 Zeitschrift *Carmel,* Sondernummer, März 1968, S. 114 f.

Einleitung

1 Priesterexerzitien; Notre-Dame de Vie, September 1966, letzter Vortrag.
2 Brief an G. Saint-Hilaire, 24. Februar 1913.
3 „Schwester Theresia vom Kinde Jesus hat mich und meine Kameraden während des Krieges so gut beschützt" (Brief an seine Mutter und seine Schwester, 27. August 1923).
4 Brief an J. Gayraud, 29. April 1923.

5 „... die kleine Schwester Theresia wird dort auch einiges zu tun haben, denn wir beide werden ‚vom Kinde Jesus‘ heißen und in Zukunft Geschwister sein" (Brief an seine Schwester Berthe, 28. Februar 1922).

6 Chronik des Karmels von Rodez, 1923.

7 LG 291.

8 Zeitschrift *Carmel*, 15. Februar 1929, S. 154.

9 Ansprache in Notre-Dame de Vie am 16. Juli 1947, zitiert von Marie Pila in *Carmel*, Sondernummer, März 1968, S. 114 f.

10 Ende der Konferenz; vgl. Kapitel „Inhalt der theresianischen Botschaft", S. 172 f.

11 PME, Je veux voir Dieu, S. 833.

12 R. RÈGUE, *Carmel*, März 1968, S. 5 f.

13 Brief von P. Maria-Eugen an Th. Rémy, 21. April 1951; vgl. PME S. 872 ff. und S. 881 f.; vgl. *Études et Documents*, Lisieux, 1951, 8, S. 153 ff.

14 Predigt vom 3. Oktober 1962, Notre-Dame de Vie.

15 SS 271.

16 *Carmel*, März 1968, S. 122.

17 Geistliches Testament, vgl. RR 106.

18 Exerzitien in Notre-Dame de Vie, 1951.

19 *Carmel*, März 1968, S. 123.

20 RR 111.

21 LG 58 f.

22 Vgl. RR 112 ff.

23 Ebd., S. 116.

24 Nicht veröffentlicht.

Gedanken über Theresia vom Kinde Jesus

1 Mutter Geneviève war bei der Gründung von Lisieux (1838) Subpriorin. Sie starb 1891; vgl. SS 172 ff.

2 Vgl. SS 29.

3 SS 93.

4 Vgl. SS 52 f.

5 SS 58.

6 Vgl. L. GAYRAL, „Une maladie nerveuse dans l'enfance de Sainte Thérèse de Lisieux" („Eine Nervenkrankheit in der Jugend der heiligen Theresia von Lisieux"), *Carmel*, 1959, 2, S. 81—96.

7 Vgl. SS 62 f.

8 Läuterung, Reinigung (hier im passiven Sinne), hervorge-
bracht durch ein besonderes Handeln Gottes, das alle Dinge
als Mittel benützen kann und alle Fähigkeiten betrifft in Verbindung mit der äußeren Welt: nicht nur die fünf Sinne, sondern das ganze seelische Gefüge, die Einbildungskraft und
selbst die Intelligenz, insofern sie an Bilder gebunden ist, und
den Willen, der mit sinnlichen Empfindungen verknüpft ist
(affektives Leben). Diese Reinigung muß sich dann ausdeh-
nen auf den „Geist", den Sitz der inneren Fähigkeiten des
Menschen (durchdringendes Erkenntnisvermögen und freier
Wille), damit Gott sein Geschöpf zur vollen Einigung mit sich
ziehen kann. Vgl. PME, II. S. 404—411.

9 SS 93—98; gründliche Studie über diese Gnade und ihre
Wirkungen von P. MARIA-EUGEN, „La grace de Noël
1886 chez Sainte Thérèse de l'Enfant Jésus", in *Carmel*,
1959, S. 97—116.

10 Vgl. PO, S. 141 f.

11 B 146.

12 SS 153.

13 *La Petite Sainte Thérèse*, ALBIN MICHEL, Paris, 1947. Über
dieses Werk s. PME, Je veux voir Dieu, S. 848.

14 Über diese Wertschätzung Theresias durch Mutter Marie
de Gonzague vgl. Brief vom 9. September 1890 an die Priorin des Karmels von Tours (s. Anm. 50 zum Kapitel „Theresia vom Kinde Jesus — Lehrerin des mystischen Lebens).

15 SS 93.

16 Vgl. SS 155; DE, S. 261.

17 Vgl. SS 155.

18 Vgl. SS 161, 162; B 146 an Schwester Agnès.

19 Sentence 129, Auszug aus dem Werk *Maximes et Avis spirituelle de notre Bienheureux Père Saint Jean de la Croix* („Merk-
sätze und geistliche Weisungen unseres seligen Vaters Johannes vom Kreuz"), das Theresia viel benützte. Das Bild
ist wohl eher das, welches Theresia am 7. Mai 1896 der
Schwester Marie de la Trinité schenkte (vgl. CG II, S. 863).

20 Vgl. SS 184.

21 Handelt es sich um *Fondements de la vie spirituelle, tirés du liv-
re de l'Imitation de Jésus-Christ*, („Grundlagen des geistlichen
Lebens; Auszüge aus dem Buch der Nachfolge Christi")
von P. SURIN S. J. (Paris 1732), von dem Theresia sagt, daß

sie es in dieser Zeit „betrachtet" habe (vgl. SS 163)? Vielleicht muß man auch das Werk erwähnen *Fin du monde présent et mystéres de la vie future* („Ende der gegenwärtigen Welt und Geheimnisse des künftigen Lebens") von Abbé C. ARMINJON (Saint-Paul, 1882), das Theresia 1887 gelesen hat (vgl. SS 101) und das sie im Karmel weiterhin benützt. Sie zitiert dieses letzte Buch häufig (vgl. B 69 und CG, Anm. e S. 387 und B 168).

22 SS 177.
23 PO, S. 272.
24 PO, S. 159.
25 Vgl. B 146 an Schwester Agnès.
26 Vgl. DE, S. 537, Anm. a.
27 SS 177. Es handelt sich um P. Alexis Prou, der 1891 die Exerzitien vom 8. bis 15. Oktober hielt.
28 Diese Aufgabe im Noviziat wurde Theresia im Februar 1893 anvertraut. Vgl. LG 122.
29 Vgl. SS 185.
30 Vgl. Anm. 11.
31 Vgl. LG 201; PO, S. 195.
32 Konzil von Trient, Dekret über die Rechtfertigung (G. DUMEIGE, *Foi catholique*, S. 554—581).
33 Vgl. Lk 6, 47.
34 Vgl. Lk 15, 20—32.
35 Vgl. Lk 15, 7.
36 Theresia benützt häufig diesen Ausdruck, s. bes. SS 176, SS 215, LG 129.
37 Vgl. Weihe an die Barmherzige Liebe SS 280.
38 Vgl. LG 201.
39 Vgl. Lk 9, 48; 8, 16 f.
40 Vgl. JvK, *Aufstieg zum Berge Karmel*, S. 293 und S. 313 f.; vgl. PME, Je veux voir Dieu, S. 828.
41 Vgl. LG 163.
42 Vgl. LG 126; SS 204 ff.; SS 215.
43 Vgl. JvK, *Geistlicher Gesang*, S. 265 ff.; *Aufstieg zum Berge Karmel*, S. 283 f.; vgl. PME, II, S. 419 ff.
44 Vgl. SS 214.
45 DESC, S. 110 f.
46 Vgl. LG 83; PO, S. 428.
47 Vgl. SS 250.
48 DESC, S. 107 f.; PO, S. 454.

49 Vgl. 1 Kor 15, 10.
50 Vgl. LG 200; 143.
51 Vgl. PO, S. 175; 304.
52 Vgl. 168; 164; *L'esprit de Sainte Thérèse* („Der Geist der heiligen Theresia"), Lisieux, 1937, S. 197.
53 Vgl. LG 110; B 330 an Abbé Bellière.
54 Vgl. SS 192.
55 Vgl. SS 176.
56 Vgl. LG 43 f.
57 Vgl. PA, S. 179; MST 70.
58 Vgl. LG 147.
59 Vgl. PO, S. 275; vgl. Phil 2, 5.
60 SS 73.
61 TvA, *Weg der Vollkommenheit*, S. 132 ff.; s. auch PME, I, S. 87 ff.
62 B 146 an Schwester Agnès.
63 Ebd.
64 Vgl. SS 176.
65 Vgl. SS 204.
66 JvK, *Aufstieg zum Berge Karmel*, S. 139 f.
67 Vgl. CG II, S. 1216; PO, S. 312. „Unsere Mutter" ist die Priorin des Klosters. Der „Rundbrief" wird an die anderen Karmelitinnenklöster gesandt und berichtet über das Leben einer verstorbenen Schwester und darüber, was sie Vorbildliches an sich hatte.
68 PO, S. 237.
69 Vgl. SS 66.
70 Vgl. Weiheakt an die Barmherzige Liebe: „Ich bitte dich, o mein Gott, sei du selbst meine Heiligkeit!", SS 280.
71 Vgl. LG 125; DE note a, S. 497.
72 P. Maria-Eugen hat sein Noviziat von 1922 bis 1924 im Karmelitenkonvent in Avon gemacht. Er war dort mit 27 Jahren eingetreten, unmittelbar nach seiner Priesterweihe.
73 Vgl. PO, S. 465.
74 Vgl. PA, S. 302; MST 142.
75 Vgl. SS 248.
76 Vgl. SS 249.
77 *Komplet* ist das letzte Abendoffizium, das gemeinsam gebetet wird. Das „große Schweigen", das die Regel bis zum Morgen vorschreibt, mußte vollständig sein. Vgl. das allgemeinere Zeugnis von Schwester Thérèse de S. Augustin in PA, S. 334.

78 Vgl. MST 111 f.
79 Vgl. LG 101 ff. und DE note k, S. 473.
80 Vgl. SS 219—223. Diese Glaubensprüfung begann an Ostern 1896.
81 Vgl. LG 216 und 183.
82 Vgl. PO, S. 276; PA, S. 151.
83 Mutter Françoise-Thérèse folgte Mutter Agnès nach, die am 28. Juli 1951 verstorben war.
84 Vgl. LG 57 ff. und 78.
85 LG 230.

Theresia vom Kinde Jesus — Lehrerin des mystischen Lebens

1 Ansprache vom 14. August 1921. — Vgl. VT (Ergänzung zu AL 92, Oktober 1983, S. 270).
2 „... gleicht einem Hausherrn, der aus seinem reichen Vorrat Neues und Altes hervorholt" (Mt 13, 52).
3 Vgl. FRANÇOIS DE SAINTE MARIE, „L' Evangile, aliment de sa vie" („Das Evangelium, Nahrung ihres Lebens"), Vortrag zu Beginn des Kongresses, s. den Artikel „Sainte Thérèse de l'E. J. et la Sainte Écriture" — „Die heilige Theresia vom Kinde Jesus und die Heilige Schrift", in *Cahiers Evangile*, Paris, nouvelle série N⁰ 2, 1952, S. 41—56); L. GIRARD, „La spiritualité paulinienne et la Petite Voie d' Enfance Spirituelle" — „Die paulinische Spiritualität und der Kleine Weg der geistlichen Kindschaft", Serie von 11 Artikeln, erschienen bei *Études et Documents* von 1936 bis 1939.
4 SS 53.
5 Ebd.
6 Vgl. SS 85.
7 B 312 an P. Roulland.
8 SS 95.
9 Vgl. TvA, *Seelenburg, Fünfte Wohnung*, S. 88 ff. Vgl. auch *Sechste Wohnung*, S. 118.
10 SS 107.
11 „Nun gut, meine ehrwürdigen Mütter, nun können Sie ein *Te Deum* singen. Als Beauftragter des Bischofs übergebe ich Ihnen dieses Kind von fünfzehn Jahren, dessen Eintritt Sie

haben wollten. Ich wünsche, daß es Ihre Erwartungen nicht enttäuscht, mache Sie aber darauf aufmerksam, daß Sie allein die Verantwortung tragen, wenn es anders kommt" (PA, S. 141).

12 SS 153.

13 Gott bewahre uns davor, aus Theresia vom Kinde Jesus eine Heilige wie eine kleine Kapelle zu machen! Diese Kapelle müßte wie der Karmel die Ausmaße der universalen Kirche haben! Andererseits hieße das, die geschichtliche Wahrheit und die Gesetze der Planungen der Vorsehung verkennen, wie auch den beträchtlichen Einfluß der Umgebung bei der Heranbildung der Heiligen vernachlässigen.

14 „Das war ein Mensch, der ein Gewand aus Ziegenhaaren trug und einen ledernen Gurt um die Hüften" (2 Kön 1, 8).

15 „Elija, der Prophet, stand auf wie Feuer, und seine Worte waren wir ein brennender Ofen" (Sir 48, 1). Tatsächlich verzehrte diese Flamme nacheinander zwei Gruppen von je 50 Männern, die vom König Ochozias geschickt waren, um ihn zu ergreifen (vgl. 2 Kön 1).

16 Sir 48, 1.

17 1 Kön 17, 3—6.

18 1 Kön 17, 1.

19 Ebd.

20 1 Kön 18, 23—38.

21 „Komm heraus und stell dich auf den Berg vor den Herrn, denn der Herr zieht vorüber" (1 Kön 19, 11).

22 „Der Herr war nicht im Sturm ..., nicht im Erdbeben ..., nicht im Feuer" (1 Kön 19, 11 f.).

23 „Als Elija es gehört hatte, hüllte er das Gesicht in seinen Mantel" (1 Kön 19, 13).

24 Vgl. JvK, *Aufstieg zum Berge Karmel*, S. 222 f. *Geistlicher Gesang*, S. 121 f.

25 1 Kön 19, 13 f.

26 2 Kön 2.

27 Mt 11, 14.

28 Vgl. vor allem den vorausgegangenen Vortrag von LOUIS DE SAINTE THÉRÈSE, „La Vie Spirituelle de Sainte Thérèse de l'E. J. est une vie mystique" („Das geistliche Leben der heiligen Theresia vom Kinde Jesus ist ein Mystisches Leben"). Das Wesentliche daraus kann man in seinen Veröffentlichungen finden, wie z. B. die Trilogie: *Mon Ciel, c'est*

l'Amour; Confiants jusqu' à l'audace; Ma vocation dans l'Eglise (Mein Himmel, das ist die Liebe; Vertrauend bis zur Kühnheit; Meine Berufung in der Kirche). Ed. Pyrénéennes, Bagnéres de Bigorre, 1963, 1965, 1966.

29 SS 32.

30 SS 32 f.

31 SS 48.

32 SS 77.

33 Vgl. SS 69.

34 Vgl. SS 75.

35 Vgl. SS 152 f.

36 SS 97. Diese Gnade erhielt sie im Juli 1887.

37 Vgl. SS 99.

38 SS 153.

39 Vgl. SS 186.

40 Gott der „himmlischen Scharen" gemäß einem biblischen Ausdruck, der unter Gottes Souveränität alle himmlischen Wesen einschließen wollte, die mitunter durch die umliegenden Religionen vergöttlicht waren. Es ist der „Gott des Universums", den man mit dem *Heilig, Heilig, Heilig*, im eucharistischen Hochgebet besingt (Anm. des Herausgebers).

41 TvA, *Weg der Vollkommenheit*, S. 22 f.

42 SS 37.

43 Mutter MARIE DU SACRÉ-CŒUR (Karmelitin in Caen), *Histoire de Sainte Thérèse, d'après les Bollandistes, ses divers historiens et ses oeuvres complètes*, Retaux-Bray, Paris, 1985.

44 Vgl. PA 150.

45 DCL. Die Texte sind folgende: „Es ist keine Anmaßung, den Wunsch zu haben, in Nachahmung der Heiligen heroische Tugenden zu üben, und selbst nicht, das Martyrium zu ersehnen" (vgl. TvA, *Leben*, S. 122 f.). „Ich würde gerne tausend Leben hingeben, um eine einzige Seele zu retten" (vgl. *Weg der Vollkommenheit*, S. 22). „Die Seele, welche Gott an sich zieht, kümmert sich nicht darum, ob sie geschätzt oder verachtet wird. Es ist gut, wenn die Seele weiß, daß sie von sich aus nichts kann, es ist [... auch gut, wenn sie weiß, daß sie mit Gott alles kann]" (vgl. *Weg der Vollkommmenheit*, S. 189 ff., und *Leben*, S. 121 f. Das unvollständige Zitat ist ergänzt mit Hilfe eines anderen Dokuments, das Theresa besaß). „Nichts soll dich ängstigen, nichts dich erschrecken; alles vergeht. Gott bleibt derselbe. Geduld erreicht alles.

Wer Gott hat, dem kann nichts fehlen. Gott allein genügt" (vgl. TvA, *Seelenburg/Anhang*, S. 342). Vgl. dokumentarische Anmerkung, die ohne Zweifel vom Karmel in Lisieux stammt (nicht datiert; um 1945?): *Sainte Thérèse de l'E. J. et Notre Mére Sainte Thérèse — Quelques documentes* , Archiv des Karmels von Lisieux).

46 Vgl. z. B. SS 154; SS 169; vgl. LG 57 f.; LG 70; B 312 an P. Roulland.

47 DCL (vgl. im gleichen Sinn: CG, II, S. 1350).

48 Tv-A, *Seelenburg, fünfte Wohnung*, S. 81 f.

49 TvA, *Weg der Vollkommenheit*, S. 141 ff.

50 Am 9. September 1890, am Tag nach der Gelübdeablegung der heiligen Theresia vom Kinde Jesus, schrieb Mutter Marie de Gonzague an die Priorin des Karmels von Tours: „Das Befinden meiner verehrten Mutter Geneviève wechselt, und seit acht Tagen ist sie sehr müde. Gott hat aber erlaubt, daß ihr Herz noch Zeuge sein konnte von dem Glück eines Kindes, das ich gestern Gott zum Opfer brachte. Dieser kindliche Engel zählt siebzehneinhalb Jahre, hat aber den Verstand einer Dreißigjährigen, die Ordensvollkommenheit einer alten, vollendeten Novizin und eine hohe Selbstbeherrschung. Das ist eine vollendete Ordensfrau. Gestern konnte kein Auge trocken bleiben beim Anblick ihrer großen und vollkommenen Hinopferung" (Archiv des Karmels von Tours). — Vgl. CG, S. 580 f.

51 Wir sind an klare und geordnete Systematisierung in der Spiritualität gewöhnt. Wenn wir dann auf die theresianischen Quellen stoßen, aus denen die französische Spiritualität so reichlich geschöpft hat, sind wir erstaunt über die Spontaneität des Lebens, das hier strömt, und über die leichte und einfache Freiheit, mit der sie sich entfaltet und ausdrückt.

52 Vgl. DE I, S. 582.

53 Vgl. TvA, *Weg der Vollkommenheit*, S. 22 f.

54 Vgl. TvA, *Klosterstiftungen*, S. 22 ff.

55 TvA, *Weg der Vollkommenheit*, S. 24.

56 TvA, vgl. *Klosterstiftungen*, S. 22 ff.

57 Vgl. Zeugenaussage der Schwester Marie de S. Françoise, zitiert in MÈRE MARIE DU SACRÉ-CŒUR, *Histoire de Sainte Thérèse* ..., Lethielleux, Paris, 1938, Bd. II, S. 411 f.

58 Über die Bekehrung des P. Hyazinth (Loyson OCD) siehe

A. COMBES, *Einführung in das Geistesleben der heiligen Theresia vom Kinde Jesus*, Johann Josef Zimmer Verlag Trier, 1951, S. 220 ff.

59 SS 266.

60 SS 184.

61 Tatsächlich erhält die Heilige im November 1572 während ihres Aufenthalts im Kloster der Menschwerdung die Gnade der geistlichen Vermählung. — TvA, *Leben/Anhang*, S. 484 ff.

62 Nach dieser Konfrontation schrieb Teresa von Avila die Seelenburg oder das Buch der Wohnungen; das ist das Werk von ihr, das am besten gegliedert ist, ihr Meisterwerk (1578).

63 Weil die modernen Menschen intellektuell sind, scheint es, daß sie sich ziemlich allgemein wie Theresia vom Kinde Jesus in der Erfahrung von Johannes vom Kreuz wiedererkennen.

64 SS 195 ff. (Theresia sagt dort tatsächlich nur „mein Traum": SS 194; später sagt sie noch: „Dieser schöne Traum ... hat nichts von seiner Frische, seinem himmlischen Reiz eingebüßt". — Vgl. SS 196.)

65 Vgl. SS 195 ff.

66 Vgl. LG 110 f.

67 Sie sagt zu Mutter Agnès: „Ich will über die Nächstenliebe sprechen. O, daran liegt mir viel. Ich habe darüber zu große Einsichten erhalten, die ich nicht für mich allein behalten will. Ich versichere Ihnen, die Liebe wird auf Erden nicht verstanden, und dennoch ist sie die Haupttugend" (PA, S. 173).

68 Vgl. A. COMBES (s. oben Anm. 58), S. 18.

69 J. MARITAIN im Vorwort von Saint Jean de la Croix von P. BRUNO DE JÉSUS-MARIE, Plon, Paris, 1928, S. 17 f.

70 LG 110 f. (Die Frage von Mutter Agnès findet sich so in PO, S. 195. Man weiß, daß dieser Ausdruck „geistliche Kindschaft" nicht von Theresia stammt, sondern ohne Zweifel von Mutter Agnes. — Vgl. C. DE MEESTER, *Dynamique de la Confiance* ..., Cerf, Paris, 1969, S. 578 ff. — Es ist zu bemerken, wie P. Maria-Eugen über den Ausdruck hinaus zum Geist der Kindschaft vorstößt bis hin zu seiner äußeren Darstellung; die Grundlage findet sich in der erfahrbaren Erkenntnis von Gott, die Liebe ist. — Vgl. auch PME, Je veux voir Dieu, S. 832.)

71 Gern hat man die verblüffenden Ähnlichkeiten der geistlichen Lehre der heiligen Theresia vom Kinde Jesus mit jener des heiligen Paulus verglichen. Die Lehre von Theresia ist durch die beiden Pole Gotteserkenntnis und Erkenntnis der menschlichen Armut bestimmt; Pole, die uns einladen, die Arme Jesu als Aufzug zu benützen, um die Gipfel der Vereinigung mit Gott zu erreichen. Wenn man diese Lehre zusammenfaßt, denkt man an die geniale Synthese der *Summa theologica* des Thomas von Aquin, die auf der Dreiheit gründet: Gott, der Mensch, die Rückkehr des Menschen zu Gott durch Jesus Christus. Es ist ebenfalls leicht festzustellen, daß die bestimmende Gedankenentwicklung für den einen wie den anderen Autor die Verehrung der Transzendenz Gottes und der Vorrang seines Handels ist. Theresia vom Kinde Jesus hat zwar nie die *Summa* gelesen, aber Einfachheit und Tiefe gewähren die glücklichsten Begegnungen im gleichen Licht, selbst wenn man auf verschiedenen Gebieten arbeitet.

72 Benedikt XV. in der schon erwähnten Ansprache vom August 1921, in: VT 92 (Oktober 1983), S. 270.

73 SS 185 ff.

74 Vgl. Eph, 1, 3—15; Kol 1, 13—29.

75 „Gott schenkt Erbarmen, wem er will, und erweist dem Erbarmen, dem er Erbarmen schenken will. Also kommt es nicht auf das Wollen und Streben des Menschen an, sondern auf das Erbarmen Gottes" (Röm 9, 16). — „Durch die Gnade Gottes bin ich, was ich bin" (1 Kor 15, 10). — „Gott hat uns gerettet, nicht weil wir Werke vollbracht hätten, die uns gerecht machen, sondern aufgrund seines Erbarmens" (Tit 3, 5). — „Wo die Sünde mächtig war, da ist die Gnade übergroß geworden" (Röm 5, 20).

76 Vgl. SS 77.

77 SS 73.

78 SS 96 f.

79 Vgl. SS 77 f.

80 SS 186 f.

81 G 82 ff.

82 Vgl. SS 220.

83 Vgl. SS 198 f.

84 SS 200 f.

85 Vgl. DE (mit Schwester Geneviève), I, S. 596, mit kritischen Anmerkungen S. 621; 625; 721 ff. Das Ende des Satzes ist

nicht von Theresia, die sagte: „Lieben, geliebt werden und auf die Erde zurückkehren ...“ Schwester Geneviève fügte in der Korrektur vom 19. Mai 1950 hinzu: „Meiner Ansicht nach ist es nicht notwendig, diesen hübschen und harmonischen Schluß hinzuzufügen: ‚um zu veranlassen, die Liebe zu lieben.‘ Das klingt wirklich gut, gibt aber die Einfachheit Theresias nicht wieder. Es ist offenkundig: Wenn sie sich danach sehnte, auf die Erde zurückzukommen, dann um zu bewirken, daß der liebe Gott geliebt wird, und um Seelen für ihn zu gewinnen.“

86 SS 208.
87 Vgl. Hebr 11, 6.
88 Vgl. Mt 15, 28; 8, 10.
89 Vgl. Mk 5, 25—34.
90 Vgl. DE, Annexes, S. 169. (Vgl. oben Anm. 70).
91 SS 192.
92 DESC, S. 107. (Der letzte Satz ist ein Zitat aus JvK, *Die dunkle Nacht*, S. 164 ff.; vgl. „Avis et Maximes 119“, S. 1196.)
93 SS 193.
94 B 303 f. an Schwester Marie du Sacré-Cœur.
95 Vgl. SS 206; Mt 9, 13; Mk 2, 17; Lk 5, 32.
96 Vgl. Lk 15, 7
97 Vgl. Lk 7, 46 f.
98 Vgl. DESC, S. 108 f. — „Zufluchtsheim“ ist ein von Ordensfrauen geführtes Haus, in dem jene aufgenommen wurden, die man damals „Büßerinnen“ nannte. Theresia kannte jenes von Lisieux.
99 B 304 an Schwester Marie du Sacré-Cœur. P. Maria-Eugen verbessert den Text Theresias (sicherlich gemäß „Geschichte einer Seele“): „Sagt der Psalmist“; es handelt sich aber um die *Nachfolge Christi*, II. 11, 4, wo Spr 31, 10 zitiert ist.
100 Vgl. LG 163.
101 B 347.
102 Vgl. SS 186.
103 Theresia vom Kinde Jesus spricht von dieser Gnade im Manuskript B, das im September 1896 geschrieben wurde. Mit einiger Wahrscheinlichkeit kann man diese Gnade auf Anfang 1896 festlegen, da sie davon nicht in den ersten acht Kapiteln (Manuskript A) spricht, dessen Redaktion im Januar 1896 beendet war. Wir denken nicht, daß diese Gnade trotz ihrer Bedeutung als eine außerordentliche Gnade im

eigentlichen Sinn betrachtet werden kann. Sie sollte in ganz einfacher, gewohnter Weise in ihrer Seele leuchten, ohne daß sie erkennen konnte, wie sie ihr zuteil geworden ist.

104 Spr 9, 4.
105 Jes 66, 13—22.
106 SS 214 f.
107 Mt 18, 1—4.
108 Vgl. MST 60.
109 LG 152.
110 SS 249.
111 PA, S. 266; PO, S. 275; MST, S. 93 f.
112 LG 146: „Alle diese Bilder nützen mir nicht, ich kann mich nur von der Wahrheit nähren. Deshalb habe ich nie nach Visionen verlangt" (DE, I, S. 303). — LG 57: „Wie ihr wißt, besteht mein ‚kleiner Weg' gerade darin, daß man nicht begehrt, etwas zu sehen. Ihr wißt sehr wohl, was ich dem lieben Gott, den Engeln und den Heiligen so oft gesagt habe: daß ich kein Verlangen trage, sie hienieden zu sehen" (DE, I, S. 218, wo G 93 zitiert wird).
113 Vgl. JvK, *Geistlicher Gesang*, S. 243 ff.
114 B 292 an Léonie.
115 SS 203.
116 SS 203.
117 Von Mutter Agnès zitiert in PA, S. 174.
118 Vgl. Manuskript C, 2. Teil.
119 SS 213.
120 Vgl. LG 141.
121 Wie ist es zu erklären, daß uns diese Unterweisung überrascht und neu erscheint, obwohl sie doch ganz einfach und sehr klar ist? Kommt es nicht daher, daß unsere geistliche Theologie nicht gewohnt ist, sich direkt der Eingebung durch Gott und seinen Sohn Christus — die beiden großen Mittelpunkte — zu stellen? Christus müßte sie ununterbrochen „erleuchten". Und kommt es nicht daher, daß sich die geistliche Theologie zu oft damit zufrieden gibt, für den gewöhnlichen Gebrauch die eigentlichen Werte, die uns von den großen Meistern hinterlassen sind, auszumünzen? Sicher fehlen die Motive nicht, die uns entschuldigen: die Gotteserfahrung ist ein ungeschuldetes Geschenk, und welcher Grad es auch sei, zu dem wir persönlich gelangt sind, wir haben die Pflicht zu unterrichten, zu führen, alles den

Bedürfnissen unserer Zeit und jeder Seele im besonderen anzupassen. Wie soll man diese Pflicht erfüllen, ohne die Unterweisung der Meister auszulegen? Geben wir wenigstens zu, daß die Verteilung dieses Kleingelds, die mit solcher Freigebigkeit und mitunter in solcher Fülle geschieht, schwer und lästig bleibt, auch wenn sie nicht falsch ist, und daß sie die Gefahr birgt, den Marsch zum Absoluten zu behindern und zu beschweren, dessen wohltuende Wegzehrung sie sein sollte ... Theresia vom Kinde Jesus schrieb an einen ihrer geistlichen Brüder: „Manchmal, wenn ich gewisse geistliche Abhandlungen lese, in denen die Vollkommenheit durch tausenderlei Erschwerungen hindurch und von einer Menge Illusionen umgeben beschrieben wird, ermüdet mein armer kleiner Geist gar schnell. Ich schließe das gelehrte Buch, das mir Kopfschmerzen macht und das Herz austrocknet, und greife zur Heiligen Schrift. Dann erscheint mir alles voll Licht. Ein einziges Wort erschließt meiner Seele unendliche Horizonte, die Vollkommenheit erscheint mir leicht, ich sehe, daß es genügt, sein Nichts zu erkennen und sich wie ein Kind Gott in die Arme zu werfen" (B 347 an P. Roulland). — Vielleicht ist das eine strenge Einstufung von Abhandlungen, die mit Wissenschaft und Liebe niedergeschrieben wurden; sie enthüllt uns jedoch, wie die nach Gott dürstenden Seelen und jene, die ihn schon gefunden haben, einfache und tiefe Darlegungen notwendiger haben als verschwommene Erklärungen und glänzende Überlegungen.

122 Vgl. 2 Kor 3, 18.
123 Vgl. Joh 4, 14.
124 Vgl. Joh 17, 3.
125 SS 204 ff. Die Einteilung der Abschnitte folgt der Ausgabe der *Lettres* (Briefe) von A. COMBES vom September 1848, S. 335 ff. Dieser Text wurde so zitiert im Vortrag vom Juli 1947; stammte er vielleicht von einer Abschrift, die direkt aus dem Karmel von Lisieux kam? Das war ohne Zweifel zum erstenmal, daß man diesen Text *in extenso* und seinen ersten Kommentar hörte (woraus sich die Länge des Zitats erklärt).
126 Vgl. heiliger THOMAS, *Summa theologica*, IIa—IIae, q. 180, a. 3, ad a. (s. auch PME, II, S. 193 ff.).
127 Vgl. DESC, S. 110 f.

128 Vgl. PO, S. 316; s. auch LG 157.

129 Joh 15, 5.

130 1 Kor 12, 3.

131 Phil 2, 13.

132 Röm 9, 16. (Theresia stützt sich auf dieses Zitat des heiligen Paulus am Anfang von SS 4, als sie von dem Geheimnis der Vorrechte Jesu über ihre Seele spricht.)

133 B 347 an P. Roulland.

134 B 342 an Abbé Bellière.

135 SS 66.

136 B 146 an Schwester Agnès von Jesus.

137 Vgl. LG 82 f.

138 Vgl. LG 94.

139 Urteil einer Ordensfrau aus dem Kloster von Lisieux kurz vor dem Tod von Theresia vom Kinde Jesus (Schwester S. Vincent de Paul; vgl. CG, II, S. 1216).

140 Vgl. LG 78.

141 JvK, *Die dunkle Nacht*, S. 95 f.

Der Autor

Lebensdaten

1894	2. Dezember: Geburt in Le Gua/Avey-ron (Frankreich); Taufname: Heinrich
1904	Vater August Grialou stirbt
1905—1909	Heinrich besucht das Gymnasium der Spiritaner in Susa/Italien
1909—1911	Gymnasium in Graves/Frankreich
1911—1914	Priesterseminar in Rodez/Frankreich; Heinrich Grialou fällt das Büchlein „Die entblätterte Rose" von Theresia vom Kinde Jesus in die Hände, es wird wegweisend für ihn
1914—1918	Erster Weltkrieg; Heinrich Grialou an der Front

1919—1922	Fortsetzung der Studien im Priester- seminar von Rodez
1922	4. Februar: Priesterweihe 24. Februar: Eintritt in den Karmel von Avon; Ordensname: Bruder Maria- Eugen vom Kinde Jesus
Ab 1928	Prior in verschiedenen Klöstern der Unbeschuhten Karmeliten
1937—1948	Generaldefinitor des Ordens, Abbe- rufung nach Rom
1937	24. August: Errichtung der Gruppe von Notre-Dame de Vie
1948	Apostolischer Visitator der Unbeschuh- ten Karmelitinnen Frankreichs 15. August: „Notre-Dame de Vie" wird Säkularinstitut
1949	Erstauflage des Buches „Ich will Gott schauen"
1954	Generalvikar des Ordens
Ab 1955	Niederlassungen des Instituts in ver- schiedenen Ländern
1967	27. März: Tod von Pater Maria-Eugen Grialou
1985	Eröffnung des Seligsprechungspro- zesses

Inhaltsübersicht

Theresia vom Kinde Jesus — Lehrerin des mystischen Lebens

Hohe Heiligkeit lebbar für jeden
Christen 170

Maria-Eugen Grialou OCD im *Johannes-Verlag Leutesdorf*

In der Kraft des Geistes
Gebet und Apostolat
1997. 272 Seiten. Kartoniert
ISBN 3-7794-1403-1
Bestellnummer: P 41

Gespräche und Kontakte mit vielen Menschen gaben den
Anlaß zu den vorliegenden Referaten. Pater Maria-Eugen
Grialou erweist sich darin als ein Meister des geistlichen
Lebens. Er gibt wesentliche Impulse für das Apostolat.
Gebet und Einsatz des Christen müssen sich am Vorbild
Jesu orientieren. Will er ein vollendeter Arbeiter im
Reich Gottes werden, muß er sich „von der Kraft des
Heiligen Geistes" durchwirken und antreiben lassen.

Wie beten? *Wie* sich dem Geist Gottes öffnen? *Wie* Zeugnis ablegen? — Auf diese und ähnliche Fragen antwortet
der Autor in lebendiger, kraftvoller Sprache. Seine reiche
persönliche Erfahrung verleiht den Texten eine unver-
wechselbare Note.

„Das Buch von Pater Grialou ermutigt uns, die Bewegun-
gen Gottes nicht zu übersehen. Es spornt uns an, für seine
Schritte sensibel und resonant zu werden, um in unserem
Leben Gottes Aktionen entsprechen zu können" (aus dem
Vorwort von P. Antonio Sagardoy OCD).

Zu beziehen durch die *KSM*
Katholische Schriften-Mission, D-56599 Leutesdorf

🔱

Theresia von Lisieux im *Johannes-Verlag Leutesdorf*

Geschichte einer Seele
Die Heilige von Lisieux erzählt aus ihrem Leben
1998. 336.—338. Tausend. 248 Seiten. Bebildert
ISBN 3-7794-1245-4
Bestellnummer: H 871

Ich gehe ins Leben ein
Letzte Gespräche der Heiligen von Lisieux
Deutsche authentische Ausgabe
1998. Fünfte Auflage. 352 Seiten. Dünndruckpapier
ISBN 3-7794-0718-3
Bestellnummer: H 873

Briefe
Deutsche authentische Ausgabe
1983. Dritte Auflage. 464 Seiten. Dünndruckpapier
ISBN 3-7794-0634-9

Gedichte der heiligen Theresia von Lisieux
Übersetzt und herausgegeben von Maximilian Breig
1997. Zweite Auflage. 184 Seiten. Format 20,5 x 14,2 cm
ISBN 3-7794-1168-7
Bestellnummer: H 875

Therese von Lisieux — Gebete
Herausgegeben vom Theresienwerk e. V. Augsburg
Eingeleitet und übersetzt von Andreas Wollbold
1999. 112 Seiten. Format 19 x 11,7 cm
ISBN 3-7794-1433-3
Bestellnummer: H 864

Zu beziehen durch die *KSM*
Katholische Schriften-Mission, D-56599 Leutesdorf